手づくりで贈る
ほめられ和菓子

和の菓子 いろは
宇佐美桂子・高根幸子

手づくりで贈る ほめられ和菓子

目次

[この本の使い方]

- 電子レンジ、オーブンは、機種によって温度などに差があるので、加熱時間は目安にしてください。
- 材料の白玉粉や葛粉などは、産地やメーカーによって状態が違うので、レシピを参考にようすを見ながら水分量や加熱時間などを加減してください。
- 熱い生地を素手で扱うときは、火傷に注意をしてください。
- 市販のあんで菓子を作る場合は、同じ店から入手を。あんの状態が同じものを使ったほうがコツを早くつかめます。
- 材料表の「〜」の表記は、使う材料の状態などによって分量が多少変わる場合を、あらかじめ考えて用意する分量です。
- 本書の材料表記の卵はM玉です。

手づくりの和菓子を贈るときの心づかい

うれしい思い、感謝の気持ちを、ちょっと自慢したい手づくりの和菓子に託して贈りましょう。
器が料理の着物なら、贈る和菓子にもシーンにふさわしい着物を纏わせたいものです。
相手の方の笑顔を思い浮かべながら、
どんなお菓子をどんなラッピングで贈ろうかと考えるのは、
贈る和菓子を作る楽しみであり最初の一歩です。

贈るシーンをチェック

手土産か、持ち寄りか

手土産として持参する場合は、相手の都合もあるのでその場で「いただきましょう」となるかどうかわかりません。日もちのするお菓子のほうが安心です。また、そのお菓子の紹介、食べ方などを書いたメッセージカードを必ず添えましょう。

持ち寄りのお集まりなら、自分で包みを開いて披露することができるので、その日限定のお菓子でもOKです。また食べるときにシロップをかけたりするお菓子も、話しの糸口になってよいものです。

食べる人数を考えに入れる

人数がわかっているなら、人数分プラス余分を見栄えよく持参。人数が不明なときは、自由につまめる小さいお菓子を数多く用意するか、人数に合わせて切り分けることができるスタイルのお菓子にしましょう。

「ヴェリーヌ」（72ページ）は市販のふたつきプラ容器でひとり分ずつ。

和菓子に思いをのせてラッピング

雰囲気を盛り上げる

親しい関係でもちょっとあらたまった演出で贈りたいか、ラフに贈りたいか、ドレスアップかカジュアルダウンか、方向を決めてラッピングするのがコツです。そして、その場にふさわしい注目を集める演出も大事です。

「カステイラ」（48ページ）をセロハン紙で包み、白い紙をかけ、白と赤と水色の糸をよった紐をかけました。のし紙をかけたような端正で美しい姿になります。

「ソフトクッキー」（52ページ）をペーパーで大きなおひねりのように包んでラフに演出。同じクッキーを箱や缶に整然と詰めると、あらたまった雰囲気の贈りものになります。

「あんペースト3種」（42ページ）は、3種がひと目でわかるように透明な瓶に入れ、さらに透明な袋に入れて白い紐で口を結びました。こうして片側で結ぶと3個がガタつかずにきれいに納まります。取り出したとたんに3種のあんペーストに目が集まることまちがいなしです。

季節を丸ごと贈る

和菓子は、色に託して、形に表して季節を表現する、世界でも希《まれ》なお菓子。その季節の息吹あふれる和菓子は、場をなごませ、喜ばれること請け合いです。

秋を告げる「焼き芋」（64ページ）。お芋！と一瞬見間違えそうなところが魅力です。

丸ごと柚子を器にして贈る「柚子香」（68ページ）。柑橘類は、柚子に限らずその季節のもので同様に。

水ようかんを青竹に流して笹の葉で包んだ「竹筒水ようかん」（26ページ）。目にもさわやかな夏の涼味です。

葉で装う

自然の生気が宿っている葉っぱは、いわば小さなパワースポットです。桜餅、椿餅、柏餅、楓餅《かえでもち》……季節の葉に包むと同じお菓子が期間限定に変身。その上、お菓子の成形がいまひとつでも、葉っぱに包めば美しく仕上がるのもうれしいことです。

同じ「楓餅」（青楓餅22ページ）ですが、紅葉した楓は秋から初冬、青い楓は初夏の風情になります。

葡萄の葉、紅葉した柿の葉も、楓同様に活用できます。

贈る箱や紙いろいろ

箱：和菓子の質感や色を生かすシンプルで清潔感のあるものがおすすめです。
丸形の大（D18cm × H4.5cm）・
中（D13cm × H4.5cm）・
小（D8.5cm × H5cm）
角形の大（W13cm × D6.5cm × H4.6cm）・
小（W9cm × D5cm × H2cm）

かご、経木《きょうぎ》：自然素材のかごは個々にラッピングしたお菓子を入れると映えます。経木は素朴な懐かしさを醸してくれますし、包むだけではなく切って箱の中敷きにもなります。

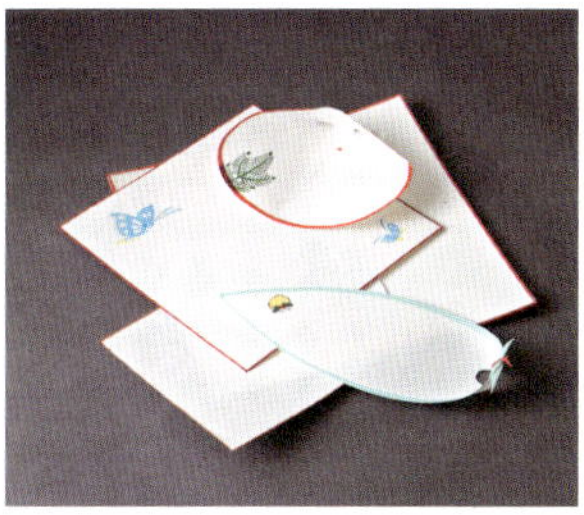

赤枠の敷紙や季節や行事の模様の菓子敷き：赤枠の敷紙は箱の底に敷いたり、ふたにかけたりしてお祝いの気持ちを表します。菓子敷きは、お菓子の取り皿として贈るときに添えるなど重宝です。

季節の柄の懐紙：白い正式な懐紙よりもカジュアルに活用できて便利です。お菓子の取り皿として添える、お菓子に合うお茶の葉、ごま塩を包んで添えるときなどに。

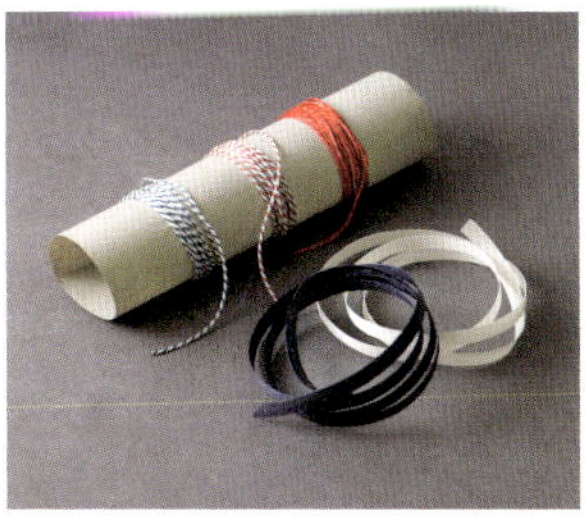

紐：糸をより合わせた細い紐は、和菓子によく似合います。またシンプルな紙紐もキリッと結ぶと贈りものの格が上がります。

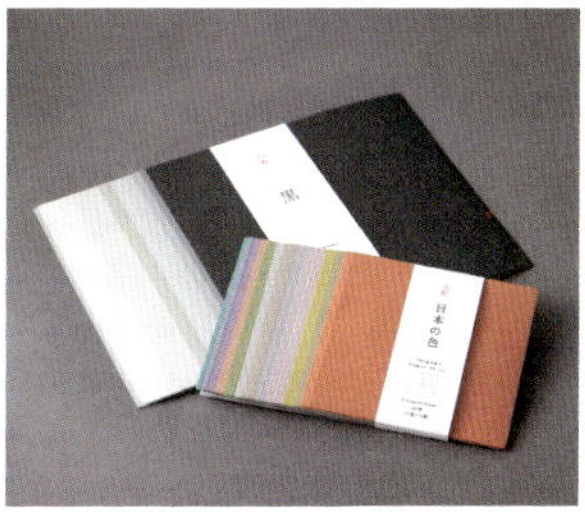

色紙：お菓子に添えるメッセージカードにふさわしい、和菓子と相性がよい色の紙がいろいろ出回っていて、市販のカードよりも自分らしい演出ができます。

和菓子作りの基本的注意と準備

和菓子作りは材料や道具の準備、作業全体の段取りを考えることから始めましょう。
五感を働かせて、ひとつひとつの工程をていねいにきちんと作業して作ると、
和菓子作りが初めての方でも必ずおいしく仕上がります。

1 レシピをよく読む

最初にレシピを読み、全体の作業手順を思い浮かべてイメージトレーニングをします。

2 手を清潔にする

和菓子は手作業が多いので、手をきちんと洗って清潔にします。作業中の手の消毒のために手ふき、アルコール消毒剤(例えばドーバー パストリーゼなど)を用意します。

3 「準備すること」を確認

本書のレシピには、作業がスムーズに運ぶように「準備すること」の項を作りました。キッチンの余分なものを片付けて、必要な道具と材料の準備をひとつひとつ済ませましょう。

4 「ふるう」・「こす」を省かない

準備でも作るプロセスでも「ふるう」・「こす」作業があります。見た目はなめらかに見えてもその作業を省くと次の工程がスムーズに進みません。ひと手間が肝心です。

5 ボウルや鍋の中の変化に注目

「つやがでるまで」、「粘りがでるまで」、「もったりするまで」などは、その状態になるまできちんと作業をします。レシピの写真も参考にしてください。

6 オーブンや蒸し器はスタンバイ

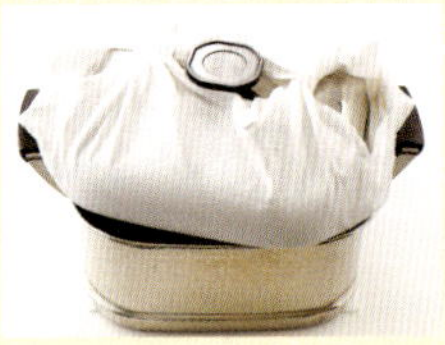

オーブンは予熱して適温にしておき、蒸し器はタイミングよく蒸気が上がるように準備します。生地のまま放置する時間が長いと、めざす出来上がりにならないことがあります。
なお、蒸し器のふたは布巾で包んでしっかりしばり、菓子に水滴が落ちないようにします(これをつゆ取り布巾という)。

ほめられ和菓子―1

季節感を贈る
温故知新で楽しむ和の菓子

空気が潤みをおびて春の香りがしてくると雛の節句。
ことさら和菓子好きじゃなくても桜餅、草餅が目にうれしく口においしく感じます。
そしてお花見、端午の節句、水無月、七夕……正月の花びら餅と
季節の息吹を放つ和菓子暦は巡ります。
節目節目に邪気を払い、息災を願う季節の和菓子を手づくりして
「お節句だから」とか「暑中もおすこやかに」と、大切な人に贈りませんか。

よもぎ餅

小桜餅

小さく作ったかわいい小桜餅は
道明寺粉を桜色に染めて、
桜の葉の塩漬けを刻んで加えました。
口にほのかに広がる桜の香りが絶品です。
桜の葉で包むほかに
「花冷え」や「雨上がりの桜」のイメージで
氷餅をまぶしても見栄えがします。
春の野の香り、よもぎを練り込んだよもぎ餅は
焼き目をつけて香ばしく。
小桜餅はこしあん、よもぎ餅はつぶあんです。

小桜餅

●材料（10個分／桜の葉仕上げ・氷餅仕上げ各５個）

道明寺粉（五ツ割り）…………100g
上白糖…………………………20g
塩………………………………少量
赤色粉…………………………少量
ぬるま湯（約50℃）……………165cc
小豆こしあん（固め）…………150g
桜の葉の塩漬け………………2g
氷餅……………………………適量
蜜………………………………適量
仕上げ用桜の葉の塩漬け……5枚

●準備すること

・上白糖はふるう。
・小豆こしあんは、1個15gに分けて丸める。
・桜の葉の塩漬けは、さっと水洗いして余分な塩気をぬき、軸を取り除く。生地に混ぜる分（2g）は細かく刻む。
・蜜を作る。耐熱ガラスの小さいボウルに上白糖10gと水20ccを入れて電子レンジ（600W）で20～30秒加熱し、取り出してよく混ぜて上白糖を溶かし、そのまま冷ます。

●日もちの目安……1日

●作り方

1

赤色粉は少量の水（分量外）で溶き、ぬるま湯に少量加えて薄紅色に染める。

2

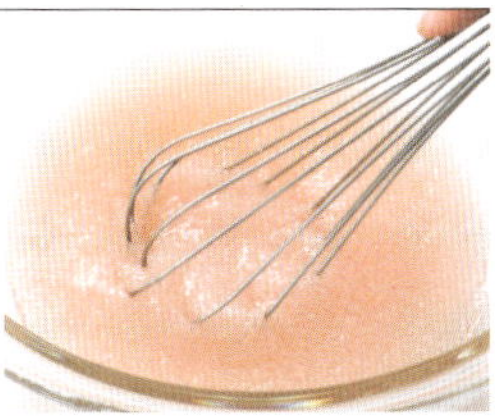

耐熱ガラスのボウルに道明寺粉を入れて1を加え、ダマができないようによく混ぜながら水分を吸収させ、ラップをかけてそのまま10分ほどおいて十分に水分を含ませる。

＊指でつぶしてみてガリッとした芯が残っていたら、ぬるま湯を少量足して吸収させる。

3

全体を混ぜ合わせ、ラップをかけて電子レンジ（600W）で5分加熱し、取り出して上下を返すように混ぜる。

4

上白糖、塩、刻んだ桜の葉の塩漬けを加えてよく混ぜ、乾いた布巾をかけて5分ほど蒸らす。

5

生地をなじませるように混ぜる。

6

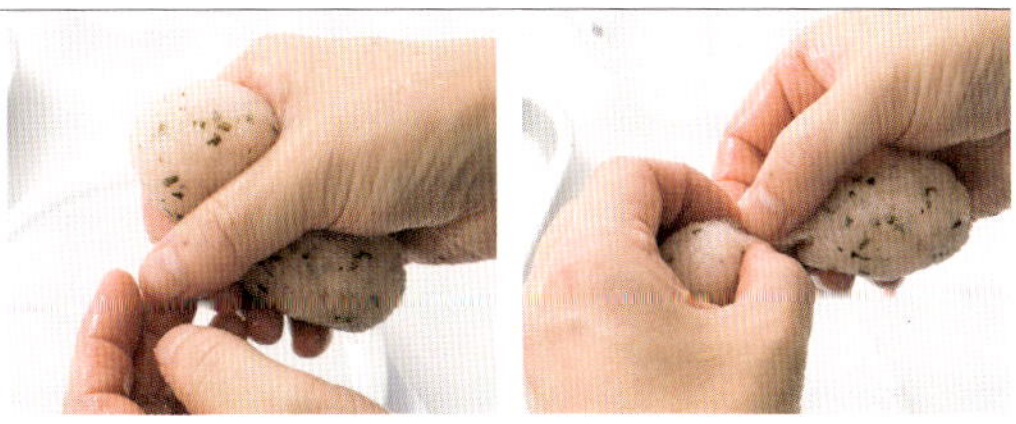

全体を計量して10等分する。生地が冷めないうちに、指の間から1個分を丸く出してちぎり分け、ラップを敷いたバットに並べる。

＊ここからの作業は手に蜜をつけながら行う。生地が冷めると固くなり表面がきれいに仕上がりにくくなる。

7

あんを包む。手のひらに生地をのせ、押さえて平らにして中央にあんをのせる。

8

生地をのせていた左手を返して右手であんをつまむように持ち、左手の親指と人差し指で輪を作り、生地をあんにそわせるように下にのばしていく。

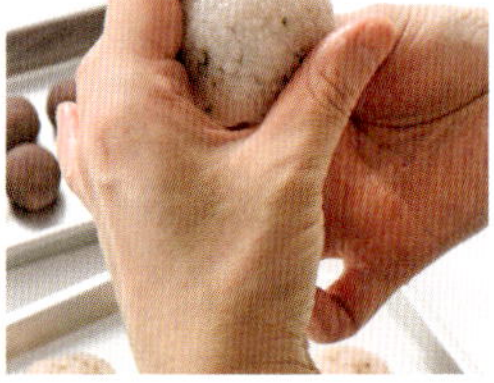

9

裏返して閉じ口を上にし、指であんをかるく押さえ、あんを覆うように生地を集める。

10

中央でしっかり閉じる。

11

全部包んだら一度手をきれいに洗ってから、丸く形を整える。

12

〈桜の葉に包んで仕上げる〉 水洗いして軸を取り除いた葉は、キッチンペーパーで水気をふき取り、葉の裏が表になるように11を包む。

13

〈氷餅をまぶして仕上げる〉 ほぐしてザルなどでこした氷餅を11の表面全体にたっぷりまぶして、ころころ形を整えながら余分を落とす。

よもぎ餅

●材料(8個分)

餅粉……………………35g
白玉粉…………………35g
上白糖…………………18g
水………………………100cc
冷凍よもぎ……………12g
小豆つぶあん…………224g
片栗粉…………………適量

●準備すること

・上白糖はふるう。
・冷凍よもぎは、自然解凍し、指先でかるく絞り、細かくほぐしたものを計量する。
・小豆つぶあんは、1個28gに分けて丸める。
・バットにたっぷりの片栗粉を茶こしでふるう。

●日もちの目安……1～2日

●作り方

1

ボウルに白玉粉を入れ、水の半量を加えて、ダマができないようによく混ぜてペースト状にする。残りの水を加えて溶きのばす。

2

耐熱ガラスのボウルに餅粉と上白糖を入れて泡立て器で混ぜ、1を少しずつ加えてよく混ぜ合わせる。

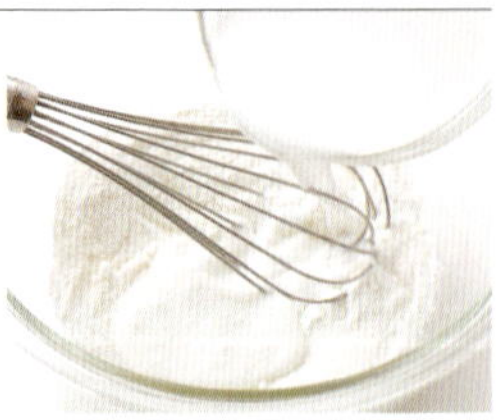

3

よもぎを加えて全体によく混ぜ合わせる。

4

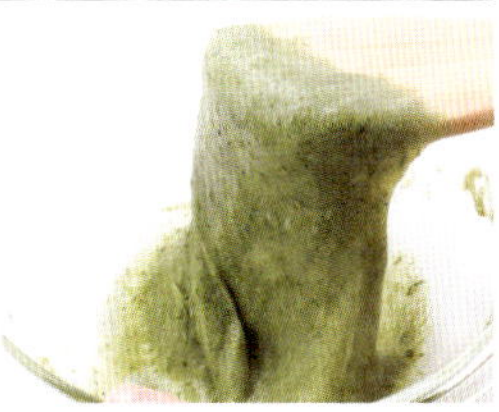

ラップをして電子レンジ(600W)で1分加熱し、取り出しヘラで上下を返す程度に混ぜる。再びラップをして1分加熱して取り出して練り混ぜ、さらに1分、1分と加熱しては餅状に練り混ぜる。

＊粘りがでてきたら、水で濡らした木ベラに替えてしっかり練り混ぜる。

＊季節や作る日の気温などによって加熱時間を調整する。コシが足りないようなら、追加で30秒ずつ加熱してようすを見ながら練ること。

5

準備のバットに餅を取り出し、内側に片栗粉が入らないように注意して二つ折りにする。

＊このとき奥から手前に折ると作業がしやすい。

6

8等分にちぎり分ける。バットの上で2等分してちぎり分け、さらに2等分、また2等分すると均等に8等分になる。

7

分割した餅は切り口を上にして並べ、茶こしで片栗粉をたっぷりふりかける。

＊片栗粉は保湿のためなので、餅は常に粉の中に置くこと。

8

あんを包む。生地を左手にのせてハケで内側の粉を払い、あん玉をのせる。(あんの包み方は→9〜10ページ・小桜餅の項を参照)。中央でしっかり閉じ、片栗粉をまぶしながら形を整え、1時間ほどおいて落ち着かせる。

＊口を閉じるときは、生地を上に引っぱる気持ちで、下は下に引くような気持ちで整えるとよい。

9

焼き目をつける。フライパンを温めてからクッキングシートを敷き、菓子の上部(天)の片栗粉をハケで払い、上部を下にして並べて中火で焼き色をつける。

＊餅が完全に冷めてから焼くこと。

春の吹き寄せ

干菓子《ひがし》、おこし、きな粉州浜《すはま》

三月三日はももの節句、雛祭り。
雛人形、はまぐり、さわらびなど
季節の形の干菓子、
きな粉をまぶした州浜、
香ばしいおこしを
雛サイズに小さく作って箱に詰め、
金平糖を散らしました。
いろいろ取り合わせる趣向を
風に吹き寄せられた風情の意で
「吹き寄せ」といいます。
干菓子を紅葉や松葉、栗の形に
作ると「秋の吹き寄せ」に。

干菓子

●材料(約25個分)

上白糖………75g
寒梅粉………55g
和三盆糖……10g
色粉(赤)……少量
しとり蜜……小さじ2～3

＊色粉は玉子色、挽き茶色など好みでいろいろ作ると華やかになる。

●準備すること

・上白糖、和三盆糖はふるう。
・しとり蜜を作る。耐熱ガラスの小さいボウルに水飴20g、水20ccを入れて電子レンジ(600W)で20～30秒加熱して水飴を溶かし、そのまま冷ます。
・型を用意。雛祭りと春にちなんだ、雛人形、花、貝、さわらびなど。

・バットにわら半紙を敷く。

●日もちの目安……1週間～10日

●作り方

1

ボウルに上白糖を入れ、しとり蜜を少しずつ加えながら手のひらでボウルの底に押しつけるようにして力強くすり混ぜ、しっとりとしてまとまるくらいまですり混ぜる。

＊作る日の気温や湿度によって、しとり蜜の量は調整する。

2

色粉をしとり蜜少量で溶く。

3

1に色粉を加えて着色し、再びすり混ぜて、手で握るとしっとりとしてひとかたまりにまとまるまで、しっかりすり混ぜる。

4

寒梅粉を加えて全体がよく混ざるように手のひらを合わせてすり混ぜる。

5

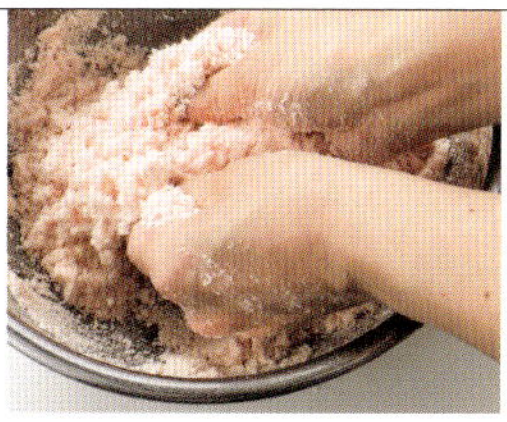

和三盆糖を加え、両手で全体を手早くすり混ぜる。バットにザルでしっかり裏ごす。

6

型に5の生地を隅々までしっかり詰め、さらに指で押しながら型いっぱいにしっかり詰めてヘラで表面をならす。

7

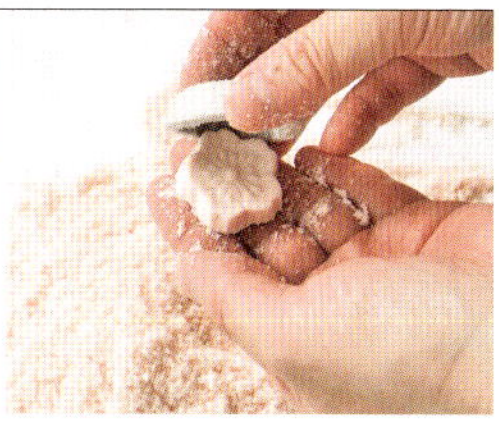

型の端をすりこぎなどで叩いて型から取り出す。30分ほどそのまま乾燥させて、密閉容器に入れて保存する。

＊型に詰める作業は、生地がしっとりしているうちに手早くすること。乾燥してくると成形しにくくなるので注意。

＊出来たての干菓子は壊れやすいので、ていねいに扱うこと。

おこし

●材料（作りやすい分量）

ライスパフ……………40g
水飴……………………35g
三温糖…………………35g
白ごま…………………8g
落花生（粗く刻む）……28g
米油……………………少量

●準備すること

・米油をキッチンペーパーにつけ、クッキングシート2枚に薄く塗る。

●日もちの目安……1週間～10日

●作り方

1

鍋に白ごまを入れてかるく煎り、落花生を加えて温め、ボウルに移す。

2

鍋にライスパフを入れかるく温めて、1とは別のボウルに移す。

＊1と2の具材を温める、このひと手間が大事。

3

鍋に水飴を入れて中弱火にかけて煮溶かし、三温糖を加えて泡がぐつぐつしてきたら焦げないようにかるく揺すって煮つめる（混ぜすぎないこと）。

＊煮つめる目安は、水に落としても溶けて散らなくなるまで。

4

火を止めて1の白ごまと落花生を加えて混ぜ、2のライスパフも加えて全体を絡めるようにしっかり混ぜ合わせる。

＊ここでそれぞれに飴がよく絡まっていないと、後でくずれやすくなるので注意すること。

5

準備のクッキングシート1枚に4を取り出し、かるくまとめて約12cm × 12cmの大きさに手で押しのばす。もう1枚のクッキングシートをかぶせてまな板など平らなもので押し、生地を裏返してもう一度押して厚さ1cmほどに整える。

＊冷めると成形しにくくなるので、熱いうちに手早くすること。

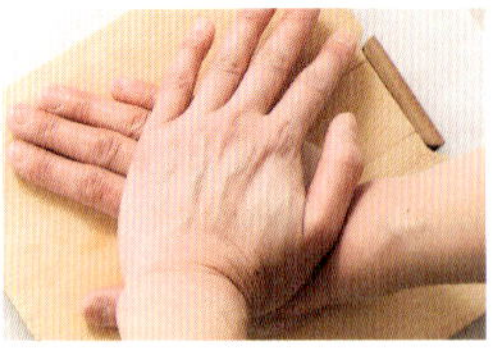

6

熱がぬける前に（冷めて固くならないうちに）、1.5cm × 1.5cmに切り分ける。

＊冷めたら密閉容器に入れ、乾燥剤も一緒に入れて、湿気ないように保存する。

＊波刃包丁が切りやすい。

きな粉州浜

●材料（約40個分）

うぐいすきな粉…………………50g
上白糖……………………………45g
しとり蜜…………………………水飴25g＋水25cc
うぐいすきな粉（まぶし用）……適量

●準備すること

・上白糖はふるう。
・しとり蜜を作る。耐熱ガラスの小さいボウルに水飴25g、水25ccを入れて電子レンジ（600W）で20〜30秒加熱して水飴を溶かし、そのまま冷ます。

●日もちの目安……4〜5日

●作り方

1

ボウルにうぐいすきな粉、上白糖を入れて混ぜ合わせる。

2

しとり蜜を2〜3回に分けて加え、そのつどこねる。

3

粉気がなくなってまとまるまで力を入れてしっかりこねる。

4

3の生地をまとめて、3gずつに分ける。

5

うぐいすきな粉をバットに広げて入れ、4を丸く成形して、まぶす。

＊食べる直前にまぶすほうが香りも味もよい。時間をおくと色もあせてくるので、手土産にする場合、きな粉を別に添えて「食べるときにまぶしてください」とカードを添えるのも一案。

金平糖

●市販品を用意する。

小さな箱にひとり分ずつ詰めて

手のひらにのる小箱にひとり分ずつ詰めました。小さいからこそ、中紙を敷き、吟味した紐をかけて美しい装いで贈りましょう。このままお雛さまに供えても映えます。

花見団子

「花より団子」とほめてもらえる
かわいい三色の花見団子。
見た目は花と競わず地味だけれど
香ばしい味自慢のみたらし団子。
どちらもお花見を盛り上げてくれます。
上品なしこしこ感のある団子にしたいので、
上新粉よりさらに細かい上用粉で
作りましょう。

みたらし団子

花見団子

●材料（10本分）

上白糖……………………………120g
上用粉……………………………90g
餅粉………………………………30g
本葛粉……………………………12g
水…………………………………160cc
色粉（赤色・挽き茶色）……各少量
蜜…………………………………適量
串…………………………………10本

●準備すること

- 上白糖はふるう。
- 蜜を作る。耐熱ガラスの小さいボウルに上白糖15gと水25ccを入れて電子レンジ（600W）で20～30秒加熱し、取り出してよく混ぜて上白糖を溶かし、そのまま冷ます。
- 蒸し器の上段に15cm×15cmの型枠（ザルでもよい）をのせ、水で濡らして固く絞ったさらし布巾を敷く。
- 蒸し器の下段に水を入れて火にかけ、タイミングよく蒸気が上がるようにしておく。
- 串は水に浸す。

●日もちの目安……1～2日

●作り方

1

ボウルに上白糖、上用粉、餅粉を入れ、泡立て器でよく混ぜ合わせる。

2

小さめのボウルに本葛粉を入れ、分量の水の3分の2量を加えてダマができないように溶かし、さらに残りの水の半量ほどを加えて溶きのばす。

3

1に2を少しずつ加えてざっと混ぜ、2のボウルに残りの水を入れて葛を洗うようにしてから1に加え、全体をしっかりと混ぜ合わせる。

4

蒸気の上がった蒸し器に上段をのせ、3を準備の枠の中へ流し入れる。ふたにつゆ取り布巾をかませ、強火で20～25分蒸す。

5

蒸し上がったら水で濡らして固く絞ったさらし布巾に取り出し、布巾に包んだままなめらかになるまでもむ。

＊もんでは布巾を開いて包み直して、熱いうちにもむこと。

6

色粉は少量の蜜で溶く。5は3等分する。白い生地は蜜を塗ったバットに置いて手蜜をつけながら、すぐにちぎれず、なめらかにのびるくらいまで蜜を吸わせ、固さを調整する。

7

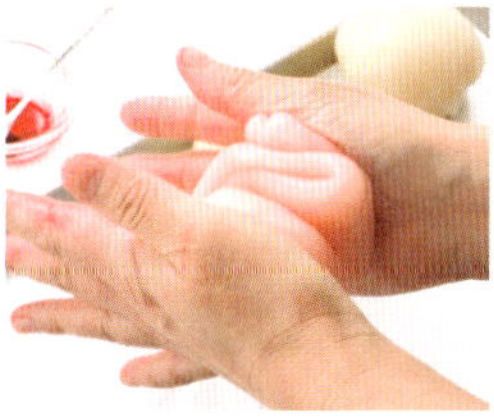

残りの2つはそれぞれ6の色粉（赤色・挽き茶色）を少量バットに置き、生地に色を入れて均一に着色しながらもみ混ぜ、6と同様に固さを調整する。

8

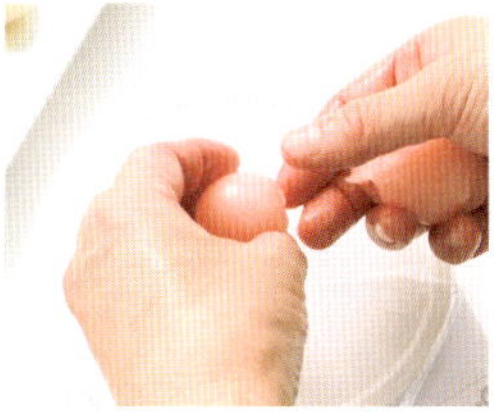

各色の生地を計量し、手に蜜をつけながら、それぞれ10等分にちぎり分ける。

＊生地を分割する際、生地をいためないように丸くつるっときれいに分割すること。

＊冷めてくると生地は扱いにくくなるので、温かいうちに作業をすること。

9

手に蜜をつけ、団子を丸く整えて串に各色を1個ずつ刺す。

みたらし団子

●材料（12本分）

上白糖………120g
上用粉………90g
餅粉…………30g
本葛粉………12g
しょうゆ……20g
水……………140cc
白ごま………3g
蜜……………適量
片栗粉………適量
串……………12本

●準備すること

・花見団子（18ページ）と同様

●日もちの目安……1～2日

●作り方

1 ボウルに上白糖、上用粉、餅粉を入れ、泡立て器でよく混ぜ合わせる。

2 小さめのボウルに本葛粉を入れ、分量の水の3分の2量を加えてダマができないように溶かし、さらに残りの水の半量ほどを加えて溶きのばす。

3 1に2を少しずつ加えてざっと混ぜ、2のボウルに残りの水を入れて葛を洗うようにして1に加え、全体をしっかりと混ぜ、しょうゆを加えてさらに混ぜ合わせる。

4 蒸気の上がった蒸し器に上段をのせ、3を準備の枠の中へ流し入れる。ふたにつゆ取り布巾をかませ、強火で20～25分蒸す。水で濡らして固く絞ったさらし布巾に取り出し、布巾の中でなめらかになるまでもむ。

5 蜜を塗ったバットにあけて、手に蜜をつけながらたたんでもみ、白ごまを2回くらいに分けて加えてもみ、なめらかにのびるくらいまでもみ、固さを調整する。

6 生地を計量し、24等分にちぎり分ける。団子を丸く整えて串に2個ずつ刺す。少し休ませて冷めたらハケで全体に片栗粉をまぶす。フライパンを温めて、クッキングシートを敷き、団子の両面に焼き色をつける。

柏餅

子供の健やかな成長を祝う端午の節句、
「こどもの日」にいただくお菓子。
柏は若葉が芽吹くまで古葉が落ちないことから、
跡継ぎが絶えない縁起のよい葉とされています。
あんは、柏の葉の香りと好相性のみそあん。
大きな葉は餅の乾燥防止にもなり、手土産にも最適です。
上新粉の餅が一般的ですが、ここでは
電子レンジで作れる道明寺の柏餅を紹介します。

柏餅

●材料(10個分)

道明寺粉(四ツ割り)……120g
上白糖……………………25g
塩…………………………少量
ぬるま湯(約50℃)………200cc
みそあん(固め)…………170g
柏の葉……………………10枚
蜜…………………………適量

●準備すること

・上白糖はふるう。
・みそあん(→22ページ)は、1個17gに分けて丸める。
・蜜を作る。耐熱ガラスの小さいボウルに上白糖10gと水20ccを入れて電子レンジ(600W)で20〜30秒加熱し、取り出してよく混ぜて上白糖を溶かし、そのまま冷ます。

●日もちの目安……1日

●作り方

1

耐熱ガラスのボウルに道明寺粉を入れ、ぬるま湯を加えてダマができないようによく混ぜて水分を吸収させ、ラップをかけてそのまま10分ほどおいて十分に水分を含ませる。

＊指でつぶしてみてガリッとした芯が残っていたら、ぬるま湯を少量足して吸収させる。

2

全体をよく混ぜ、ラップをかけて電子レンジ(600W)で5分30秒加熱し、取り出す。

3

上下を返すように混ぜ、上白糖、塩を加えてよく混ぜ、乾いた布巾をかけて5分ほど蒸らす。

4

生地をなじませるように混ぜる。全体を計量し、10等分にする。そのとき指の間から1個分を丸く出してちぎり分け、ラップを敷いたバットに並べる。

＊ここからの作業は手に蜜をつけながら行う。生地が冷めると固くなり表面がきれいに仕上がりにくくなる。

5

あんを包む。手のひらに生地をのせ、押さえて平らにし、生地の中央にあんをのせて包み、俵形に整える。

＊あんの包み方は→9〜10ページ・小桜餅の項を参照。

6

柏の葉は水洗いしてキッチンペーパーで水気をふき取り、5を包む。

みそあん

●材料(出来上がり約200g)

白あん……180g　　グラニュー糖……8g
水…………60cc～　　白みそ……………40g

●作り方

1　鍋に水を入れて火にかけて沸騰したらグラニュー糖を加えて溶かし、白あんを加えて練り始める。

　＊固いようなら、練りやすいやわらかさになるまで水を加えるとよい。

2　あんをヘラですくって落としてみて、山のようにこんもりとした状態になるくらいの固さまで練り、みそを加えて全体を混ぜながら焦がさないようにさらに練り、好みの固さになったら火を止める。

3　あんを鍋肌にはりつけて、鍋肌について乾燥したあんと合わせて全体になじませ、小分けにしてバットに取り出して冷ます。

ごま小豆あん

●材料(出来上がり約175g)

小豆こしあん……170g
黒ごま……………5g

●作り方

1　黒ごまは香りがでるまで煎り、すり鉢でかるくすりつぶす。

2　小豆こしあんはボウルに入れ、1を加えてよく混ぜ合わせる。

青楓餅

●材料(10個分)

道明寺粉(四ツ割り)……120g
上白糖……………………25g
塩…………………………少量
ぬるま湯(約50℃)………200cc
ごま小豆あん(固め)……170g
氷餅………………………適量
青楓の葉…………………10枚
蜜…………………………適量

●準備すること

・柏餅(21ページ)と同様

●日もちの目安……1日

●作り方

1　耐熱ガラスのボウルに道明寺粉を入れ、ぬるま湯を加え、ダマができないようによく混ぜ、水分を吸収させ、ラップをかけてそのまま10分ほどおいて十分に水分を含ませる。

　＊指でつぶしてみてガリッとした芯が残っていたら、ぬるま湯を少量足して吸収させる。

2　全体をよく混ぜ、ラップをかけ電子レンジ(600W)で5分30秒加熱する。取り出して上白糖、塩を加えてよく混ぜる。乾いた布巾をかけ5分ほど蒸らす。

3　生地をなじませるように混ぜ、全体を計量して、10等分にする。そのとき指の間から1個分を丸く出してちぎり分け、ラップを敷いたバットに並べる。

　＊ここからの作業は手に蜜をつけながら生地が温かいうちに行う。

4　あんを包む。手のひらに生地をのせ、押さえて平らにして中央にあん玉をのせて包み、俵形に整える。

　＊あんの包み方は→9～10ページ・小桜餅の項を参照。

5　氷餅をまぶす。氷餅はほぐし、ザルでこして細かくし、4にまぶして形を整える。

　＊あれば、水紋の焼き印を温め、上部に焼き付ける。

6　青楓は洗ってキッチンペーパーで水気を拭き取り、5にのせる。

青楓餅《あおかえでもち》

柏餅と同じ道明寺の餅に
きらきら輝く氷餅をまぶし、青楓の葉を添えて
青葉が水辺に映える初夏の風情を贈りましょう。
水の模様「水紋」の焼き印を押すとさらに本格的に。

水無月《みなづき》

半年のけがれを祓う
6月30日「夏越《なご》し」にいただくお菓子。
暑気を払う氷に見立てた白い三角形の上に
邪気を払う小豆を散らします。
最近は黒糖を用いたバリエーションも人気です。

水無月

●材料（15cm × 13.5cm × 4.5cmの流し缶１台分／12個分）

白玉粉……………23g
本葛粉……………15g
薄力粉……………60g
上用粉……………45g
上白糖……………140g
水…………………210cc
大納言甘納豆……120g

●準備すること

・上白糖はふるう。
・流し缶の中枠をはずし、クッキングシートを十文字に敷く。
・蒸し器の下段に水を入れて火にかけ、タイミングよく蒸気が上がるようにしておく。

●日もちの目安……1～2日

●作り方

1

ボウルに白玉粉と本葛粉を入れ、水を少しずつ加えてダマにならないように溶きのばす。

2

別のボウルに薄力粉と上用粉を合わせてふるい入れ、上白糖も加えて泡立て器で混ぜ合わせる。

3

2のボウルに1を少しずつ加えながら、ダマにならないように粉気がなくなるまで全体をよく混ぜ合わせる。

4

そこから60gを別のボウルに取り分ける。

＊これは６で大納言甘納豆をのせるときに糊として用いる。

5

準備の流し缶の中に生地を流し、蒸気の上がった蒸し器の上段に入れて中強火で20分蒸す。

＊敷き紙が流し缶からはがれないように、生地を少し塗っておくとよい。

6

20分経ったらヘラで表面のぬめりを取り除き、4で取り分けた生地を流し、その上に大納言甘納豆を全体にむらなく散らす。

7

再度10分蒸し、枠から取り出して周囲の紙をはがし、そのまま自然に冷ましてから三角形（12等分）に切り分ける。

応用

黒糖水無月

●材料と作り方

・上記水無月の材料の「上白糖140g」を「上白糖70g＋黒糖70g」にする。水は100ccと110ccに分けて用意する。
・黒糖は、耐熱のボウルに入れて水100ccを加え電子レンジ（600W）で1分加熱して取り出してよく混ぜ、さらに30秒加熱して黒糖を溶かし、こして黒蜜を作る。
・工程1の段階で白玉粉と本葛粉に水110ccを加えて溶きのばし、黒蜜を加え混ぜ合わせる。工程2から先は水無月と同様に作る。

竹筒《たけづつ》水ようかん

青竹の筒に水ようかんを流し、
しっとり濡れた涼味満点の笹の葉で包んで、
七夕祭り、花火見物、暑気払いのお集まりに。

竹筒水ようかん

●材料(竹筒10本分)

角寒天………………3g
水……………………280cc
グラニュー糖………80g
小豆こしあん………300g
本葛粉………………4g
水……………………30cc
塩……………………少量
竹筒…………………10本
笹の葉(軸付き)……10枚

●準備すること

・角寒天は約8時間以上、乳白色になるまで水に浸してもどす。
・竹筒は表面と内側(薄皮がある)を水でよく洗う。
・笹の葉は使う前に洗って、水に浸しておく。

●日もちの目安

……冷蔵庫で2日

●作り方

1

もどした角寒天を絞って水気をきり、鍋にちぎり入れ、分量の水を加えて中火にかける。煮立ってきたら火を弱め、4～5分、途中何度かヘラで混ぜて寒天を溶かす。

＊ヘラで混ぜすぎると、寒天が溶けにくくなるので注意すること。

2

グラニュー糖を加えてひと煮立ちさせて煮溶かし、途中アクが出たら取り除く。こし器にさらし布巾をかませてボウルにこし入れる。

3

鍋に戻して中強火にかけ、小豆こしあんを加え、混ぜて溶かす。

4

本葛粉を水30ccで溶き、3を1/2カップほど加えて混ぜ合わせ、鍋に戻す。

5

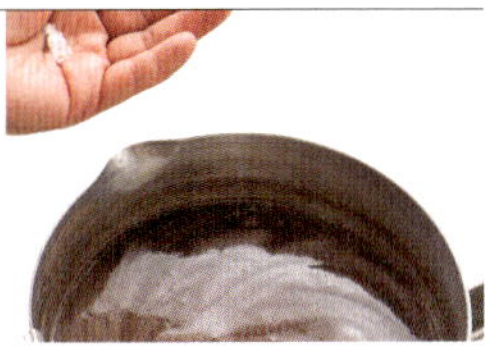

鍋底から静かに混ぜ合わせ、煮立ったら塩を加えて火を止める。

＊市販のあんは、すでに塩が入っているので入れなくてよい。

6

目の細かいこし器でボウルにこし、水を張った別のボウルに底を当ててヘラでゆっくりかき混ぜて、少しとろみがでてヘラの感触が重くなるまで冷ます。

＊熱いまま竹筒に入れると水分が分離して二層になってしまうので注意。

7

手付きの容器に6を移し、竹筒に注ぎ入れ、そのまま常温で冷まして固める(竹筒が倒れないように計量カップやボウルの中に立てておくとよい)。固まったら笹の葉で口を覆って冷蔵庫でよく冷やす。

＊冷蔵庫に入れておくと笹の葉が乾燥してしまうので、ラップをかけておくこと。

＊笹の葉がなければ、口をシートなどで覆ってタッセルでとめるとよい。

笹の葉の巻き方

笹の葉の葉先から約4分の1のところを竹筒の口に当て、葉の幅を半分に折り竹筒に巻きつける。笹に軸も巻きつけて入れ込み、ゆるまないようにとめ、余分を切る。そのまま冷蔵庫でよく冷やす。

食べる際には

竹筒の底に画びょうなどで穴を開けるとするっと出る。

流し あんみつ

かわいらしい流しあんみつは、つぶあん、寒天、求肥のそれぞれの食感のハーモニーが楽しいデザート。スプーンで大きくカットしていただきましょう。

流しあんみつ

●材料(18cm×12cm×高さ4cmの容器1個分)

〈求肥〉
白玉粉……………10g
上白糖……………20g
水…………………20cc
片栗粉……………適量

〈寒天〉(12.5cm×7.5cm×高さ4.5cmの流し缶1台分)
粉寒天……………1g
グラニュー糖……50g
水…………………120cc

〈黒糖水ようかん〉
粉寒天………………1.5g
グラニュー糖………25g
黒砂糖………………25g
小豆つぶあん………250g
水……………………200cc

〈トッピング〉
大納言甘納豆………15g
干しあんず(5mm角に切る)……………………12g
さくらんぼ(缶詰)…適量

●準備すること

・寒天の流し缶は水で濡らして、バットにふせておく。
・流す容器が紙製の場合は、内側にプラシートを敷いておく。

●日もちの目安……冷蔵庫で2〜3日

●作り方

1

〈求肥を作る〉 小さめの耐熱ボウルに白玉粉を入れ、水の半量を加えてダマができないようペースト状になるまで混ぜ、残りの水を加えて溶きのばす。上白糖を加えて混ぜ合わせる。

2

電子レンジ(600W)で10秒加熱し、取り出してヘラで混ぜながら上白糖を溶かす。再び電子レンジ(600W)で30秒、また30秒と半透明になるまで加熱しては取り出して混ぜ合わせる。

3

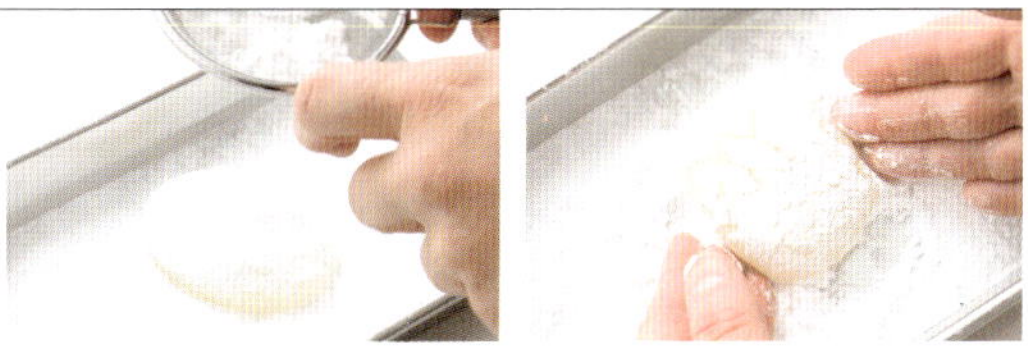

バットに片栗粉をふるい入れ、2を取り出して置き、上からも片栗粉をふって全体にまぶし、四角く形を整えてそのまま冷ます。冷めたら、1.5cm角に切る。

4

〈寒天を作る〉 鍋に水と粉寒天を入れ、火にかけて混ぜながら溶かし、煮立ったら弱火にして1分ほど煮る。中強火にしてグラニュー糖を加えて溶かし、アクを取り除く。

5

用意の流し缶に流し入れて粗熱がとれたら冷蔵庫に入れて冷やし固め、1.5cm角に切り、80gを取り分けておく。

6

〈黒糖水ようかんを作る〉 鍋に水と粉寒天を入れて火にかけ、混ぜながら粉寒天を溶かし、煮立ったら弱火にして1分30秒ほど煮る。中強火にしてグラニュー糖と黒糖を加えて溶かし、アクを取り除く。

7

小豆つぶあんを加えて混ぜて溶かし、ひと煮立ちさせアクを取り除く。水を張ったボウルに底を当てて混ぜながら粗熱をとる。

＊熱が抜けていないと具材が沈み、熱を抜きすぎると具材が散らしにくくなるので注意して。

8

〈流し固める〉 7を用意の容器に流し入れ、5の寒天と3の求肥を散らし、大納言甘納豆、干しあんず、さくらんぼを散らす。そのまま常温で冷まし固めてから冷蔵庫で冷やす。

栗蒸しようかん

栗の甘露煮とあんを
香りのいい竹皮に包んだ栗蒸しようかんは
秋の日だまりの温もりを感じさせ、
包みを開くわくわく感もあって喜ばれます。

果木《かき》の実
蒸しようかん

栗蒸しようかんの栗を、
いろいろな果木の実に替えたバリエーション。
くるみや干しあんずなどの味わいが口に広がって
大地からの贈り物の豊かなおいしさに心が躍ります。

栗蒸しようかん

●材料(長さ15cm×幅5cm 2本分)

小豆こしあん…………280g
上白糖…………………12g
薄力粉…………………23g
栗の甘露煮の蜜………15g
ぬるま湯(約40℃)……約15cc
栗の甘露煮……………100g
塩………………………ひとつまみ
竹の皮…………………2枚

●準備すること

- 上白糖はふるう。
- 栗の甘露煮は蜜ごと鍋に入れ一度煮立たせ、ザルに移して蜜をきって冷ます。栗は50gずつに分け、4分の1に切る。蜜は15gを取り分ける。
- 蒸し器の上段には乾いたさらし布巾を敷き、下段には水を入れ、火にかけてタイミングよく蒸気が上がるようにしておく。
- 竹の皮は水に浸してもどし、長さ45cmに切り、1枚から幅約5mmの紐を2本裂く。使う前に水気を拭き取る。

●日もちの目安……1～2日

●作り方

1

ボウルに小豆こしあんを入れ、薄力粉をふるいながら加え、粉気がなくなるまで手でよく混ぜる。

2

上白糖と塩を加えてよく混ぜ合わせ、栗の甘露煮の蜜を加え、ここからは、ゴムベラで全体をよく混ぜ合わせる。

3

ぬるま湯を加えて全体をよく混ぜ合わせる。

＊あんが固いようなら、わずかにぬるま湯を足して調整する。

4

半量ずつに分け、それぞれに栗の甘露煮を50gずつ加えて混ぜる。

5

準備の竹の皮に4をのせ、長さ15cm、幅5cmくらいに広げ、皮の幅の広いほうから先に折ってかぶせ、皮の先のほうを折って包み込むように整え、竹皮の紐で結ぶ。同様にして2本作る。

6 蒸気の上がった蒸し器の上段に5を入れ、ふたにつゆ取りのために布巾をかけ(→6ページ参照)、強火で25分蒸す。完全に冷めたら、竹の皮を開いて、好みの大きさに切り分ける。

＊蒸したてはやわらかいので、そのまま冷めて落ち着くまで待つこと。

果木の実蒸しようかん

●材料(長さ15cm×幅5cm2本分)

小豆こしあん…………280g
三温糖…………………15g
薄力粉…………………23g
ぬるま湯(約40℃)……約30cc
干しあんず……………30g
甘納豆…………………30g
くるみ…………………20g
黒ごま…………………3g
塩………………………ひとつまみ
竹の皮…………………2枚

●準備すること

- 三温糖はふるう。
- 干しあんずは5mm角くらいに切る。
- くるみは、160℃のオーブンで香りが立つまでローストして小さく刻む。
- 黒ごまは煎る。
- 蒸し器の上段には乾いたさらし布巾を敷き、下段には水を入れ、火にかけてタイミングよく蒸気が上がるようにしておく。
- 竹の皮は水に浸してもどし、長さ45cmに切り、1枚から幅約5mmの紐を2本裂く。使う前に水気を拭き取る。

●日もちの目安……1～2日

1 ボウルに小豆こしあんを入れ、薄力粉をふるいながら加え、粉気がなくなるまで手でよく混ぜる。

2 三温糖と塩を加えてよく混ぜ合わせ、ここからは、ゴムベラで、ぬるま湯を加えて全体をよく混ぜ合わせる。

＊あんが固いようなら、わずかにぬるま湯を足して調整する。

3 干しあんず、くるみ、黒ごま、甘納豆を加え、全体をよく混ぜ合わせる。全体量を計り2等分する。

4 竹の皮に3をのせ、長さ15cm、幅5cmくらいに広げ、皮の幅の広いほうから先に折ってかぶせ、皮の先のほうを折って包み込むように整え、竹皮の紐で結ぶ。同様にして2本作る。

5 蒸気の上がった蒸し器の上段に4を入れ、ふたにつゆ取りのために布巾をかけ(→6ページ参照)、強火で25分蒸す。完全に冷めたら、竹の皮を開いて、好みの大きさに切り分ける。

＊蒸したてはやわらかいので、そのまま冷めて落ち着くまで待つこと。

竹の皮の包み方

1 竹の皮は水に浸してもどし、長さ45cmに切る。

2 1枚から紐用に幅約5mmを2本裂く。使う前に水気を拭き取る。

3 ようかんを長さ15cm、幅5cmくらいに広げ、幅の広いほうを折ってかぶせる。

4 脇を整え、先のほうを折って包み込むように全体を整える。

5 竹皮の紐で結び、紐の余分を切る。

花びら餅

正月を祝う雅なお菓子。
やわらかく真っ白な餅は
求肥に白あんと卵白を加えた雪平《せっぺい》生地。
薄紅に染めた餅を重ね、
ごぼうの蜜煮をはさみます。

花びら餅

●材料（15個分）

白玉粉……………………………………………80g
水…………………………………………………160cc
上白糖……………………………………………120g
卵白………………………………………………25g
白こしあん（生地用）…………………………120g
赤色粉……………………………………………少量
みそあん（作り方→36ページ）…………約200g
ごぼうの蜜煮（作り方→36ページ）……15本
片栗粉……………………………………………500g

●準備すること

・作る2日くらい前からごぼうの蜜煮を作る。
・上白糖はふるう。
・卵白はコシをきってから計量する。
・赤色粉は少量の水で溶く。
・耐熱ガラスのボウルは直径25cm、高さ10.2cm（2.5ℓ）の大きさのものを用意する。
・36cm枠の粉箱に片栗粉400gをふるい入れ、ヘラで平らにならしておく。
・大きめのバットにクッキングペーパーを敷く（餅を並べるため）。

●日もちの目安……1～2日

●作り方

1

〈白色の雪平生地を作る〉 大きめの耐熱ガラスのボウルに白玉粉を入れ、水の半量を加えてダマができないようペースト状になるまで混ぜ、残りの水を加えて溶きのばす。

2

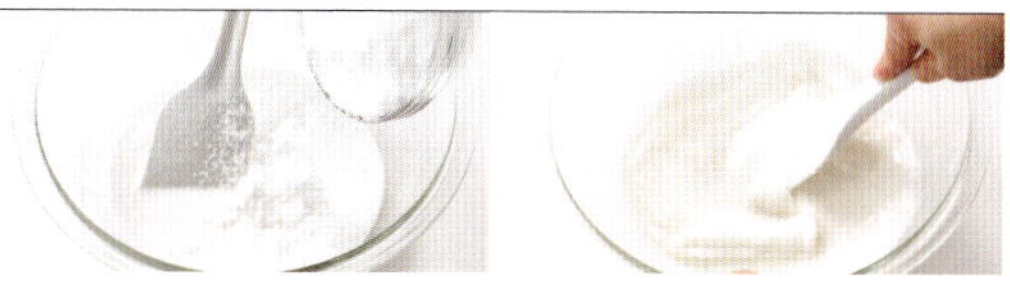

上白糖を加えて混ぜ合わせ、電子レンジ（600W）で1分30秒加熱して取り出し、ヘラで混ぜながら上白糖を溶かす。

3

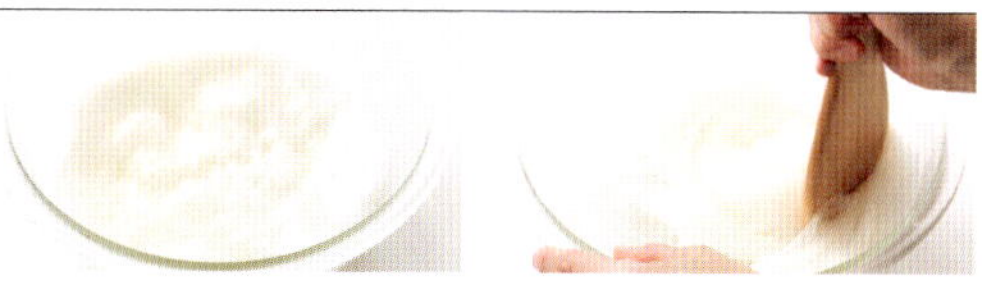

再び2分、2分と加熱しては取り出して木ベラに替えてしっかり混ぜて餅状にし、再度2分加熱後に取り出す。

4

白こしあんを加えてよく混ぜ合わせる。つのが立つくらいに泡立てた卵白を加えてしっかり混ぜ合わせる。

＊卵白を加えると餅が分離したようになるが、均一になるまで混ぜ合わせること。

5

再びレンジで2分、2分と加熱しては取り出してヘラで混ぜる。その後1分、1分と加熱しては取り出して全体をしっかり混ぜて、なめらかでつやのある状態に練り上げる。

＊季節や作る日の気温などによって加熱時間を調整すること。

＊コシが足りないようなら、ようすを見ながら30秒ずつ加熱して練る。

6

準備の粉箱に5を取り出し、上面に残りの片栗粉をふるい、手で真ん中から外側に向かって少しずつ押しのばし、直径約27cm、厚さ3mmくらいの均一な円形に押しのばす。そのままおいて少し冷ます。

7

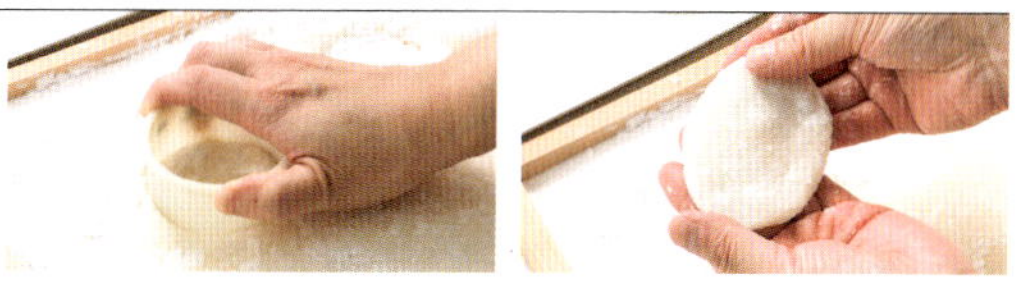

直径6cmの抜き型で15枚抜いて、手で楕円形（目安は長さ7cm、幅6cm）にのばして整え、用意のバットに平らに並べる。

＊抜き型に餅がついていると上手く抜けないので、時々拭くこと。

8

〈紅色の雪平生地を作る〉 抜いた残りの雪平生地をザルに移す。粉箱の片栗粉は取り出し、再び粉箱にふるい入れ、ヘラなどで平らにならす。

9

8の雪平生地は片栗粉をふるい落とし、水で洗い、小さめの耐熱ガラスのボウルに入れて水小さじ1(分量外)を加え、電子レンジ(600W)で1分加熱して取り出してよく混ぜる。

10

水溶きの赤色粉で色をつけ、全体の色が均一になるように混ぜ、さらに30秒、30秒と加熱しては取り出して混ぜる。

11

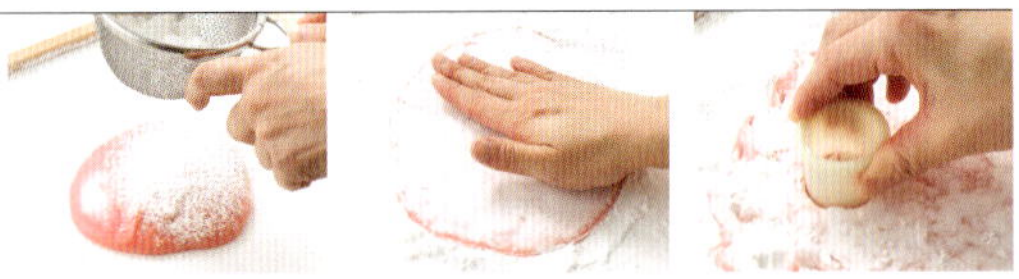

準備の粉箱に取り出し、上面に片栗粉をふるい、手で厚さ2mmくらいに均一に押しのばす。そのままおいて少し冷ます。直径3cmの抜き型で15枚抜いて、用意のバットに平らに並べる。

＊ここでは丸にしたが、菱形にするやり方もある。

12

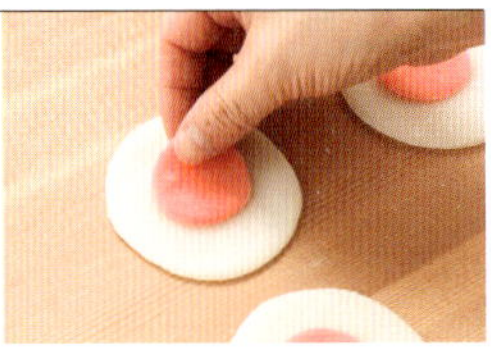

〈成形する〉 7の白色雪平の余分な片栗粉をハケで払ってきれいな面を下にして置き、11の紅色雪平も余分な片栗粉を払い、白色雪平の中央に重ねる。

13

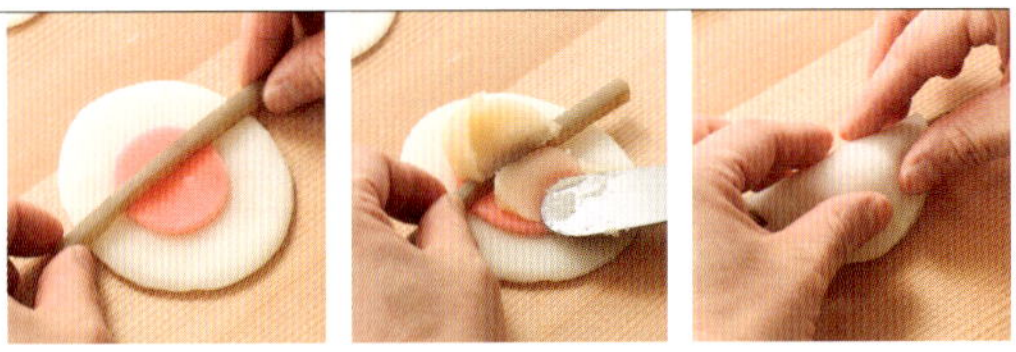

ごぼうの蜜煮をのせ、紅色雪平の上にみそあんをヘラで高さが出るように塗り、半分に折って形を整える。

ごぼうの蜜煮

●材料(24本分)

ごぼう……………9cm × 3本

＊ごぼう1本を用意し、太さの均一な部分を使う。

グラニュー糖……200g　　水……200cc

●作り方

1 ごぼうはタワシで洗って長さ9cmに切ったものを3本用意する。

2 鍋に1と酢水(分量外。水1000ccに対して酢大さじ1が目安)を入れて火にかけ、煮立ったら5分間そのまま煮て、ゆでこぼす。再び、鍋に水を入れてごぼうを戻し、竹串がすっと刺さるくらいまでやわらかくゆでる(30分ほどかかる)。

3 ザルに移して流水にさらし、水気をきり、細い棒状に8等分に切る。

4 鍋に分量の水を入れて火にかけ、沸いてきたらグラニュー糖を加えて煮溶かし、3を加えてひと煮立ちさせて火を止め、そのままひと晩(8〜10時間)おいて甘味を含ませる。

5 4の鍋を火にかけてひと煮立ちさせてごぼうを取り出す。鍋に残った煮汁は中弱火くらいの火加減(フツフツとするくらい)で4〜5分煮つめる。ごぼうを戻し、そのままひと晩(8〜10時間)おいて甘味を含ませる。

6 使う前にひと煮立ちさせ、ごぼうをザルに移して煮汁をきって冷ます。

みそあん

●材料(出来上がり約230g)

白こしあん……200g
白みそ…………40g
水飴……………15g
水………………65cc

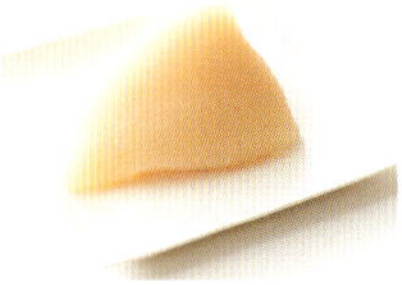

●作り方

1 鍋に水を入れて火にかけ沸騰したら白こしあんを加えて練り始める。とろみがつきヘラで落とすとやっと立つくらいの固さになったら火を止める。

2 みそを加えて全体を混ぜ合わせ、ひと煮立ちさせ、火を止めて水飴を加えて混ぜて溶かす。小分けにしてバットに取り出し、冷ます。

＊少しやわらかめに練り上げる。

椿餅《つばきもち》

花びら餅と同じ真っ白な雪平生地にあんを包み
春を告げる花、椿の葉ではさんで、雪と椿の風情に。

●材料（12個分）

白玉粉……………………40g	水…………………80cc
上白糖……………………60g	小豆こしあん……276g
卵白………………………12g	片栗粉……………適量
白こしあん（生地用）……60g	椿の葉……………24枚

●準備すること

- 上白糖はふるう。
- 卵白はコシをきってから計量する。
- 小豆こしあんは、1個23gに分けて丸める。
- 片栗粉は茶こしでバットにふるう。
- 椿の葉は水で洗って汚れを落とし、葉柄は切り落とす。

●日もちの目安……当日

●作り方

1

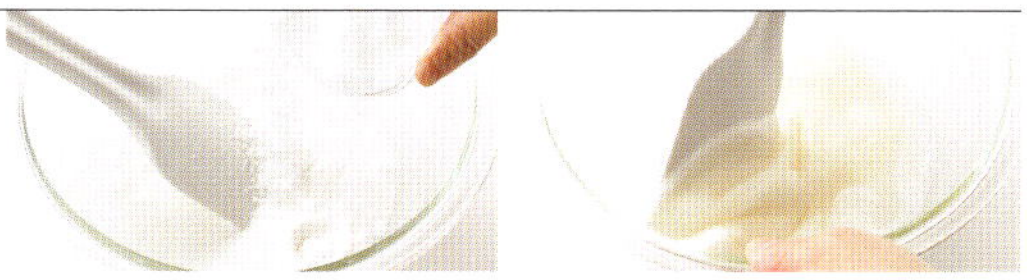

耐熱ガラスのボウルに白玉粉を入れ、水の半量を加えてダマができないようペースト状になるまで混ぜ、残りの水を加えて溶きのばす。上白糖を加えて混ぜ合わせ、電子レンジ（600W）で1分加熱し、取り出してヘラで混ぜながら上白糖を溶かす。再度、電子レンジで1分30秒、1分と加熱しては取り出してヘラで混ぜて餅状にする。

2

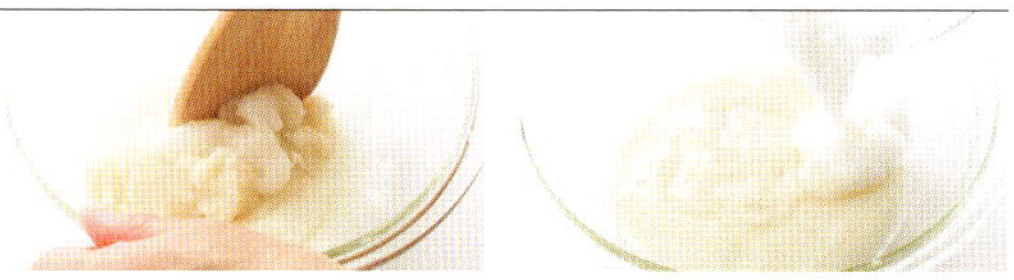

白こしあんを加えて混ぜ合わせる。つのが立つくらいに泡立てた卵白を加えてしっかり混ぜる。

＊卵白を加えると餅が分離したようになるが、均一になるまでしっかり混ぜ合わせる。

3

電子レンジで1分20秒加熱し、取り出してよく混ぜ合わせ、その後1分30秒、1分30秒と加熱しては取り出してしっかり混ぜることを繰り返し、なめらかでつやのある状態まで練り上げる。

＊季節や作る日の気温などによって加熱時間の調整が必要。コシが足りないようなら、ようすを見ながら30秒ずつ加熱して練る。

4

準備のバットに生地を取り出す。片栗粉が入らないように二つ折りにし、もう一度表面の粉を払って二つ折りにし、さらにもう一度同様にして、ちぎりやすい大きさに整え、12等分にちぎり分ける。

＊気温の高い時季は熱が抜けにくいので、しばらくその状態のままおいて粗熱を抜くとちぎり分けやすい。

5

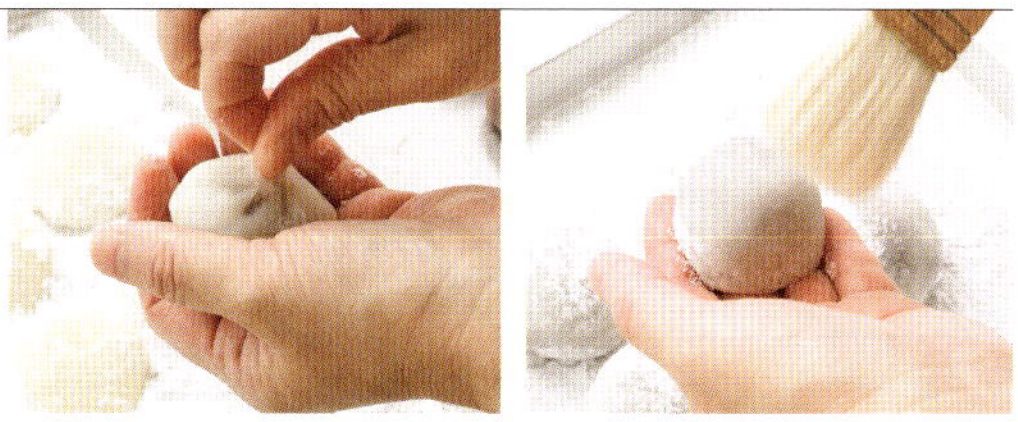

あんを包む（あんの包み方の詳細は→11ページ・よもぎ餅の項を参照）。生地が冷めないうちに包み終えて形を整える。余分な粉をハケで払って、椿の葉ではさんで仕上げる。

「市販のあん」を上手に活用

豆から煮て手づくりしたあんのおいしさは格別ですが、「市販のあん」を用いてもかまいません。

製菓材料店、大手スーパー、また和菓子屋さんなどで購入できます。

＊手づくりする場合は、本書末尾の基本的な小豆つぶあん(88ページ)、
小豆こしあん(90ページ)、白こしあん(92ページ)の作り方をご参照ください。

Q1 「市販のあん」を購入するときに注意することは。

A1 口に合う自然な甘みのあんがおすすめです。原材料の表示を確認しましょう。また、あんの甘さや状態がわかっている同じ店から購入するほうが、扱いのコツがつかめるので、段取りよく和菓子作りができます。

Q2 「市販のあん」を用いるときに注意することは。

A2 市販品はやわらかい状態が多いです。その場合は耐熱性ボウルに入れて電子レンジ(600W)で1分加熱して混ぜ、ようすを見てまた1分加熱しては混ぜるを繰り返して水分をとばしましょう。多少やわらかいくらいなら、キッチンペーパーの上に小分けにして置いて水分を吸わせて調整するとよいでしょう。

Q3 あんを均一な大きさに分けるコツは。

A3 必要な分をすべて準備の段階であん玉にして用意することが肝心です。

1 あんは持ちやすい大きさの紡錘形にまとめる。

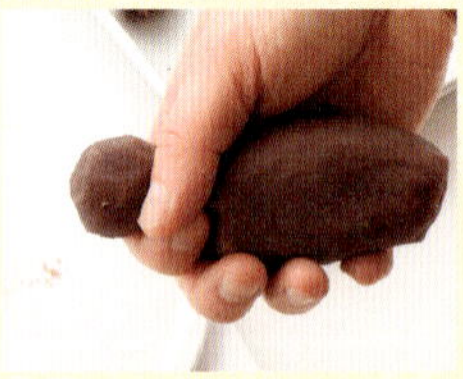

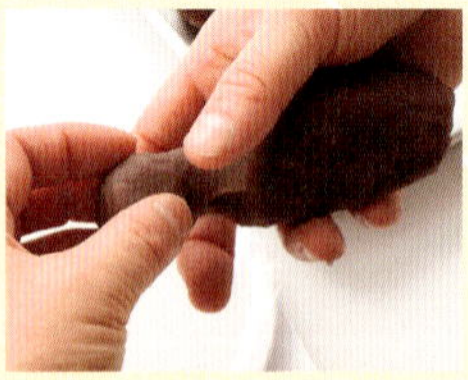

2 親指と人差し指でほぼ1個分を丸く出して引きちぎる。

3 計量して過不足を調整し、丸める。

Q4 包む生地とあんの固さや甘さの相性がありますか。

A4 相性はとても大切です。やわらかい生地にはやわらかいあんを包み、固めの生地には固めのあんを包みます。焼き菓子の場合は、水飴を入れて糖度を上げたりピールやラムレーズンを加えたりします。

Q5 あんこは保存できますか。

A5 冷凍保存することができます。小分けにしてラップに包んで(ごはんを冷凍するのと同様に)冷凍。おいしい保存の目安は2週間。使うときは、冷蔵庫解凍がおすすめです。
なお、少量残ったあんの活用を78ページに紹介したのでご参照ください。

ほめられ和菓子—2

懐かしい味で新しい姿
焼き菓子・蒸し菓子

しっとりした口当たりの焼き菓子、
かるい甘さでどこかモダンな蒸し菓子。
和菓子と洋菓子の境を超えたボーダーレスなしゃれたおいしさが魅力です。
焼き菓子・蒸し菓子は日もちがするので、余裕をもって作ることができるし、
差し上げた方にはゆっくり味わってもらえます。
離れて暮らす親しい人に「手作りよ」と送って差しあげることもできます。

そばのブッセ

ブッセは「ふわっさくっ」の食感で人気の
ひと口サイズの丸い焼き菓子のこと。
トップにそば茶を散らして香ばしく焼き、
あんことバターをはさんだら
懐かしい味わいのブッセに。

そばのブッセ

●材料（8個分）

卵……………………………1個
きび糖………………………25g
A
- そば粉………………15g
- 薄力粉………………10g
- コーンスターチ……5g

粉砂糖………………………適量
そば茶………………………適量
小豆つぶあん……………80g
バター………………………適量

●準備すること

・きび糖はふるう。
・卵は、卵白と卵黄に分けてボウルに入れ、卵白は冷蔵庫で冷やしておく。
・Aの粉類は合わせてふるう。
・絞り出し袋に1.2cmの口金をセットする。
・天板にオーブンペーパーを敷く。
・オーブンを180℃に温めておく。

●日もちの目安……2〜3日

●作り方

1

卵白は大きめのボウルに入れて泡立て器でかるくほぐしてからハンドミキサーで攪拌し、きび糖を3回に分けて加えながらハンドミキサーでしっかり泡立てて固いメレンゲを作る。

2

卵黄はほぐし、1に加えて混ぜ合わせる。

3

ゴムベラに替え、Aの粉類を加え、泡を消さないようにさっくりと混ぜ合わせる。

4

絞り出し袋に3を入れ、用意の天板に直径4cmに絞り出す。

5

4の表面に粉砂糖を茶こしで3回に分けてふりかける。その上にそば茶を散らす。

＊粉砂糖は1回ふりかけたらひと息時間をおいてふりかけ、またひと息時間をおいてふりかけること。

6

180℃に温めたオーブンで約12分焼き、取り出してケーキクーラーなどにとって冷ます。裏面にバターを薄く塗り、小豆つぶあんを10gのせ、もう一枚ではさんで仕上げる。

あんペースト3種

全粒粉《ぜんりゅうこ》のクッキー
プレーン、ほうじ茶

人気上昇中のあんペースト。
ここでは素朴な風味のクッキーに添えて贈り物に。
あんペーストと楽しむためにクッキーは甘さを控えてあります。
お気に入りのフランスパンとバターにあんペーストを添えても、
最中《もなか》の皮と一緒に贈っても喜ばれます。

あんペースト３種

・小豆こしあん＋黒砂糖＋ラム酒
・白あん＋マーマレード
・小豆つぶあん＋メープルシロップ＋くるみ

小豆こしあん＋黒砂糖＋ラム酒

●材料
小豆こしあん……150g
水…………………50cc
黒砂糖……………10g
水飴………………25g
ラム酒……………10cc

●日もちの目安
……冷蔵庫で１週間～10日

●作り方
1 鍋に水を入れて沸騰させ、黒砂糖を入れて溶かし、あんを加えてさらに混ぜて溶かし、やわらかめのあんになるまで練る。
2 水飴を加えて混ぜて溶かし、ラム酒を加える。固さを調整して火を止め、バットに小分けにして移す。
＊あんを鍋の中ですくって落とし、やっと山の形になるくらいまで練ること。

白あん＋マーマレード

●材料
白こしあん………………150g
水…………………………50cc
マーマレードジャム……25g
水飴………………………25g

●日もちの目安
……冷蔵庫で１週間～10日

●作り方
1 鍋に水を入れて沸騰させ、白こしあんを加えて混ぜて溶かし、やわらかめのあんになるまで練る。
2 マーマレードジャムを加えて練りながら、固さを調整し、水飴を加えて混ぜて溶かし、再度固さを調整して火を止め、バットに小分けにして移す。
＊あんを鍋の中ですくって落とし、やっと山の形になるくらいまで練ること。

小豆つぶあん＋メープルシロップ＋くるみ

●材料
小豆つぶあん…………150g
水………………………50cc
くるみ（粗く刻む）……10g
メープルシロップ……15g
水飴……………………25g
＊くるみは160℃のオーブンで香りが立つまでローストする。

●日もちの目安
……冷蔵庫で１週間～10日

●作り方
1 鍋に水を入れて沸騰させ、小豆つぶあんを加えて混ぜて溶かし、やわらかめのあんになるまで練る。
2 くるみとメープルシロップを加えて練りながら固さを調整し、水飴を加えて混ぜて溶かし、再度固さを調整して火を止め、バットに小分けにして移す。
＊あんを鍋の中ですくって落とし、やっと山の形になるくらいまで練ること。

全粒粉クッキー プレーン

●材料（約20個分）

薄力粉……………………60g
全粒粉……………………40g
きび糖……………………35g
無塩バター………………30g
牛乳………………………25cc
塩…………………………ひとつまみ
薄力粉（手粉用）……適量

●準備すること

・無塩バターは、1cm角に切って冷蔵庫で冷やしておく。
・天板にクッキングシートを敷く。
・オーブンを170℃に温めておく。
・霧吹きに水を入れておく。

●日もちの目安……10日～2週間

●作り方

1

ボウルに薄力粉、全粒粉、きび糖、塩を入れ、泡立て器で全体を混ぜ合わせる。

2

冷たいバターを加え、手ですり合わせて、かたまりをほぐすようにすり混ぜる。

3

バターのかたまりがなくなり、粉にきちんと混ざったら牛乳を加えて混ぜる。

4

ひとまとめにしてラップに包み、1～2時間ほど冷蔵庫で休ませる。

5

生地を冷蔵庫から取り出してかるくまとめ、打ち粉をふるった台に置き、生地の表面に打ち粉をしてめん棒で厚さ3mmにのばす。

6

4cmの丸型で抜き、準備の天板に間隔をあけて並べ、全体に霧を吹く。170℃に温めておいたオーブンに入れて、約13～15分焼く。

＊オーブンによって火のまわりが異なるので、途中で天板の向きや菓子の位置を変える、焼き色がついたものから取り出すなど加減を。

7

焼き上がったらケーキクーラーなどにのせて冷ます。

＊冷めたら密閉容器（乾燥剤とともに）に入れて保存。

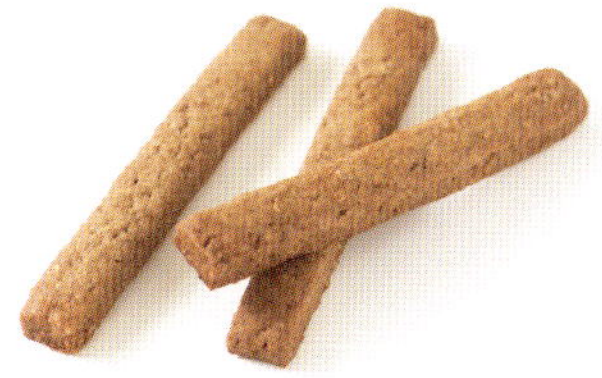

全粒粉クッキー
ほうじ茶

●材料（約36個分）

A
- 薄力粉…………………65g
- 全粒粉…………………30g
- ほうじ茶パウダー……2g
- きび糖…………………35g
- 塩………………………ひとつまみ

無塩バター…………………30g
牛乳…………………………25cc
薄力粉（手粉用）……………適量

●準備すること

・全粒粉クッキー プレーン（44ページ）と同様

●日もちの目安……10日〜2週間

●作り方

1 ボウルにAを入れて泡立て器で全体を混ぜ合わせる。

2 冷たいバターを加え、手ですり合わせて、かたまりをほぐすようにすり混ぜる。バターのかたまりがなくなり、粉にきちんと混ざったら牛乳を加えて混ぜる。

3 ゴムベラでひとまとめにしてラップに包み、1〜2時間ほど冷蔵庫で休ませる。

4 生地を冷蔵庫から取り出してかるくまとめ、打ち粉をふるった台に置き、生地の表面に打ち粉をしてめん棒で厚さ3mmにのばし、長さ7.5cm、幅1cmのバトン形に切る。

5 準備の天板に間隔をあけて並べ、全体に霧を吹く。170℃に温めておいたオーブンに入れて、約10〜13分焼く。

＊オーブンによって火のまわりが異なるので、途中で天板の向きや菓子の位置を変える、焼き色がついたものから取り出すなど加減を。

6 焼き上がったらケーキクーラーなどにのせて冷ます。

＊冷めたら密閉容器（乾燥剤とともに）に入れて保存。

覚えておくと重宝する
「紐のかけ方」

「全粒粉のクッキー」など、お菓子を詰め合わせた缶や箱を傾けることなしに、きれいにしっかり紐をかける方法を紹介。

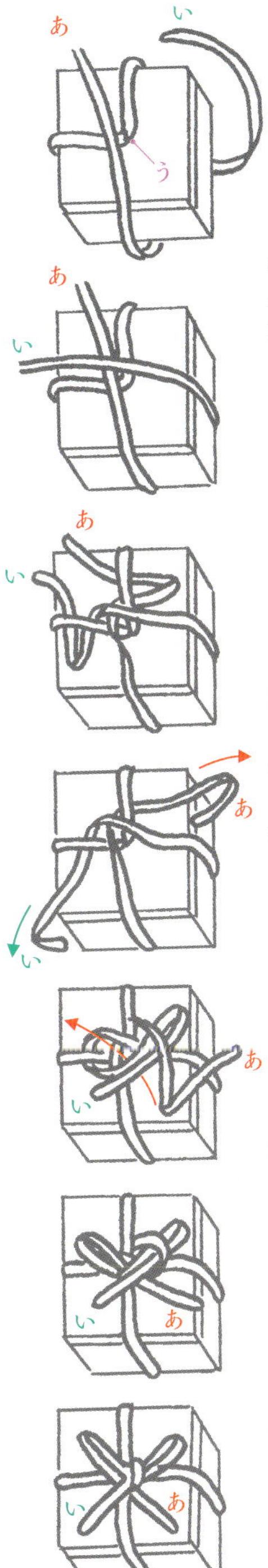

1
紐の真ん中（う）を箱の中央におき、図のように紐を配置し、（あ）と（い）を順に（う）の上で十文字に重ねる。

2
（あ）と（い）を図のように折ってくぐらせ、→の方向に引きだす。ねじらずに左右に紐を引くこと。

3
（い）を（う）の上で折って重ねる。（あ）を折って重ねてその下に通す。

4
両手で形を整える。きれいに結ぶコツは、紐をねじらずに、折って重ねるようにして結ぶこと。

檸檬《レモン》ケーキ

白あんと米粉を加えた生地を
アイシングとピスタチオで仕上げる
和菓子と洋菓子のいいとこ取りをした
ロングセラーのお菓子です。
煎茶、コーヒー、中国茶どれとでもよく合います。

檸檬ケーキ

●材料（レモン型6個分）

卵……………………………1個
上白糖………………………35g
A
- 薄力粉…………………20g
- 米粉……………………20g
- ベーキングパウダー……1.3g

牛乳…………………………20g
無塩バター…………………10g
白こしあん……………………30g
レモンの皮…………………1/2個分
無塩バター…………………適量（型用）
ピスタチオ（飾り用）………適量
アイシング…………………粉砂糖30g＋レモン汁小さじ1

●準備すること

- 上白糖はふるう。
- 粉類Aは合わせてふるう。
- ピスタチオは160℃のオーブンで香りが立つまでローストし、細かく刻む。
- 型に、やわらかくした無塩バターを薄く塗る。
- オーブンを180℃に温めておく。

●日もちの目安……4～5日

●作り方

1

耐熱ボウルに牛乳と無塩バターを入れ、電子レンジ（600W）で30秒加熱して、バターを溶かす。白こしあんを加えて混ぜ合わせる。

2

別の大きめのボウルに卵を割り入れ、泡立て器でよくほぐし、上白糖を加えて混ぜ合わせ、湯せんにかけて上白糖が溶けるまで混ぜる。

3

湯せんからはずし、ハンドミキサーに替えて白くもったりするまで泡立てる。

4

粉類Aを2～3回に分けて加え、ゴムベラで泡を消さないように混ぜ合わせる。

5

1を2～3回に分けて加えて混ぜ合わせる。最後にレモンの皮をすりおろして加え、全体に混ぜ合わせる。

6

型に30gずつ入れ、180℃に温めたオーブンで20分焼く。

7

焼き上がったら型から取り出し、ケーキクーラーなどに並べて冷ます。

8

アイシング用の粉砂糖を小さめのボウルに入れ、レモン汁を加えて混ぜ合わせ、7の上面に塗り、ピスタチオを散らす。

カステイラ

カステラを作るというと驚かれますが、
しっとりとした食感と芳醇な風味で
老舗に勝るとも劣らない、後をひくおいしさです。
焼いた３日後くらいからが食べごろです。
持参する日に合わせて焼くことができるのもうれしい。

カステイラ

●材料（15cm×6.5cm×高さ5cmの紙パウンド型２台分）

卵……………3個
上白糖………150g
牛乳…………35cc
はちみつ……12g
みりん………12g
米油…………10cc
強力粉………90g
白ざらめ……15g

●準備すること

・型にクッキングシートを敷く。
・卵は、卵白と卵黄に分けてボウルに入れ、卵白は冷蔵庫で冷やしておく。
・上白糖はふるって、100gと50gに分ける。
・みりんと米油は合わせる。
・強力粉はふるう。
・オーブンを180℃に温めておく。

●日もちの目安……3日～1週間

クッキングシートの敷き方

写真のように折ると、切らずに型にセットできるので、生地が型に流れ出ることもなく、きれいな焼き上がりになる。

●作り方

1

耐熱ボウルに牛乳、はちみつを入れ、電子レンジ(600W)で1分加熱し、はちみつを溶かす。

＊人肌くらいに温める。

2

卵白を大きめのボウルに入れ、泡立て器でかるくほぐし、ハンドミキサー(高速)に替えて泡立てる。上白糖100gを3～4回に分けて加えながら泡立て、しっかりとしたメレンゲを作る。

3

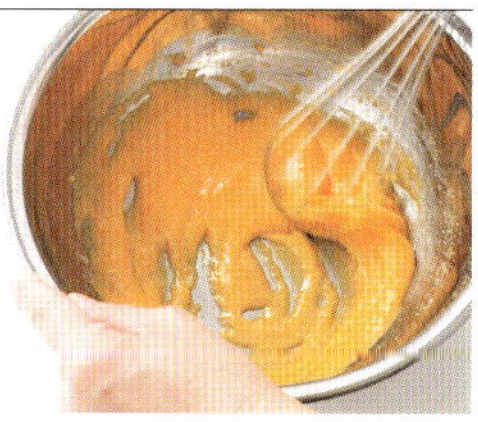

別のボウルに卵黄と上白糖50gを加え、もったりするまでよく混ぜる。

4

3を2のメレンゲに加えてハンドミキサー(中速)で混ぜ合わせる。

＊４～８まではハンドミキサーで混ぜていく。

5

1を加えてさらに混ぜ合わせる。

＊ハンドミキサーの速度は低速で。

6

強力粉を3～4回に分けて加えて混ぜ合わせる。1回ごとに粉気がなくなるまで混ぜて次を加えることを繰り返し、混ぜながら同時にきめを調える。

7

合わせたみりんと米油を加えて混ぜ合わせる。

8

ゴムベラに替えて、生地のきめを調えながら泡立ちをおさえるように大きく20回ほど混ぜる。最後に白ざらめを加えて大きく全体を混ぜる。

9

準備の型に半量ずつ（約220g）流し入れる。

10

天板に並べて180℃に温めたオーブンで10分焼き、温度を160℃に下げて20～25分焼く。途中表面の焼き色を見て、よい色がついてきたらアルミホイルをかぶせて焼く。

＊アルミホイルは、表面につかないように高さに余裕をもたせてかぶせ、蒸し焼きの状態にする。

＊焼き上がりは、竹串を刺して生の生地がつかなくなり、上面を押して弾力があるのを確かめる。

11

オーブンから取り出してケーキクーラーなどにのせ、そのまま大きめのポリ袋に入れ、カステイラの表面につかないようにふわっと包み、粗熱がとれるまで冷ます。冷めたらラップで包む。

＊焼き上がって3日目くらいからが、しっとりして食べごろになる。

ミルク珈琲《コーヒー》カステイラ

カステイラに珈琲、きび糖でコクと風味をつけ、
香ばしいくるみを散らして。

●材料（15cm×6.5cm×高さ5cmの紙パウンド型2台分）

卵……………………………………3個
上白糖……………………………100g
きび糖……………………………50g
牛乳………………………………35cc
はちみつ…………………………12g
インスタントコーヒー（粉）……3g
みりん……………………………12g
米油………………………………10cc
強力粉……………………………90g
くるみ……………………………20g
白ざらめ…………………………15g

●準備すること

・型にクッキングシートを敷く。
・卵は、卵白と卵黄に分けてボウルに入れ、卵白は冷蔵庫で冷やしておく。
・上白糖、きび糖はそれぞれふるう。
・みりんと米油は合わせる。
・強力粉はふるう。
・くるみは、刻んで10gずつに分ける。
・オーブンを180℃に温めておく。

●日もちの目安……3日～1週間

●作り方

1 耐熱ボウルに牛乳、はちみつ、インスタントコーヒーを入れ、電子レンジ（600W）で1分加熱し、混ぜてインスタントコーヒーを溶かす。
＊人肌くらいに温める。

2 卵白を大きめのボウルに入れ、泡立て器でかるくほぐし、ハンドミキサーに替えて泡立てる。上白糖100gを3～4回に分けて加えながら泡立て、しっかりとしたメレンゲを作る。

3 別のボウルに卵黄ときび糖50gを加え、もったりするまでよく混ぜ、2のメレンゲに加えて混ぜ合わせる。1を加えて混ぜ合わせる。

4 強力粉を3～4回に分けて加えて混ぜ合わせる。1回ごとに粉気がなくなるまで混ぜて次を加えることを繰り返し、混ぜながら同時にきめを調える。

5 合わせたみりんと米油を加えて混ぜ合わせる。ゴムベラに替え、生地のきめを調えながら泡立ちをおさえるように大きく20回ほど混ぜる。最後に白ざらめを加えて大きく全体を混ぜる。

6 準備の型に半量ずつ（約220g）流し入れ、表面に刻んだくるみを散らす。

7 天板に並べて180℃に温めたオーブンで10分焼き、温度を160℃に下げて20～25分焼く。途中表面の焼き色を見て、よい色がついてきたらアルミホイルをかぶせて焼く。
＊アルミホイルは表面につかないように高さに余裕をもたせてかぶせ、蒸し焼きの状態にする。
＊焼き上がりは、竹串を刺して生の生地がつかなくなり、上面を押して弾力があるのを確かめる。

8 オーブンから取り出してケーキクーラーなどにのせ、そのまま大きめのポリ袋に入れ、カステイラの表面につかないようにふわっと包み、粗熱がとれるまで冷ます。冷めたらラップで包む。
＊焼き上がって3日目くらいからが、しっとりして食べごろになる。

あん入り ソフトクッキー

しっとりやわらかなクッキーです。
ピーナッツペーストを加えた生地と
小豆つぶあんのバランスが
素朴で懐かしい味わいの決め手。
翌日にはトースターで温めれば、
さくっとした食感のクッキーに。

あん入りソフトクッキー

●材料（約20個分）

卵…………………………25g
三温糖……………………36g
ピーナッツペースト……18g
重曹………………………0.6g
薄力粉……………………80g
塩…………………………ひとつまみ
小豆つぶあん……………160g
薄力粉（手粉用）…………適量

●準備すること

- 重曹は小さじ1の水で溶く。
- 三温糖はふるう。
- 薄力粉と塩は合わせてふるう。
- 小豆つぶあんは1個8gに分けて丸める。
- 天板にクッキングシートを敷く。
- オーブンは170℃に温めておく。
- 霧吹きに水を入れておく。

●日もちの目安……3～4日

●作り方

1

卵に三温糖を加えてよく混ぜ合わせ、ピーナッツペーストを加えて三温糖が溶けるまで湯せんにかける。

＊卵と三温糖がなじんでいないと焼き上がりに斑点が出るので注意。

2

冷めたら、水で溶いた重曹を加えて混ぜる。ふるった薄力粉と塩を加えてさっくりと混ぜ合わせる。

3

ひとまとめにしてラップで包んで冷蔵庫で30分ほど休ませる。

4

薄力粉をふるったバットに3を取り出し、手でたたんで押すことを繰り返して固さの調整をしながらもみまとめる。1個8gに分ける。

5

あんを包む。手粉をつけ、4のひとつを左手にのせて丸く押し広げ、ハケで内側の余分な粉を払い、あん玉をのせて包む。

6

表面の余分な粉を払い、手のひらで平らにのばし、準備の天板に間隔をあけて並べ、まんべんなく霧を吹く。

7

170℃のオーブンに入れて約13～15分焼く。焼き上がったら取り出し、ケーキクーラーなどにのせて冷ます。

＊オーブンによって火のまわりが異なるので、途中で天板の向きや菓子の位置を変える、焼き色がついたものから取り出すなど加減を。

秋の実りの蒸しカステラ
チャイ風味、メープル風味

白あんと卵を用いた
しっとりやさしい口当たりの蒸しカステラです。
チャイ風味には
個性的なドライいちじくと栗の甘露煮を、
メープル風味には
相性抜群のかぼちゃをトッピング。
プチ・フールのように小さく切って
箱に詰めて贈りましょう。

チャイ風味の
秋の実りの蒸しカステラ

●材料(15cm × 15cm × 5cm角枠)

白こしあん……………………180g
卵黄……………………………30g(約2個分)
上白糖…………………………32g

A
- 上新粉…………………13g
- 薄力粉…………………10g
- 紅茶葉(アッサム)……2g
- シナモン………………0.5g
- カルダモン……………0.3g

卵白……………………………65～70g(約2個分)
上白糖…………………………13g
ドライいちじく……………20g
大納言甘納豆………………30g
栗の甘露煮…………………30g

●準備すること

- 卵黄は茶こしでこす。卵白はボウルに入れて冷蔵庫で冷やしておく。
- 上白糖はふるう。
- 紅茶葉は細かく刻む。
- ドライいちじくは、小さく切る。
- 栗の甘露煮は蜜ごと耐熱ガラスのボウルに入れ、蜜が温まるまで電子レンジで加熱し、ザルに移して蜜をきり、冷めたら5mm角くらいに刻む。
- 枠のサイズに合わせてクッキングシートを十文字に敷く。
- 蒸し器の上段には乾いたさらし布巾を敷き、下段には水を入れ、火にかけてタイミングよく蒸気が上がるようにしておく。

●日もちの目安……2～3日

●作り方

1

ボウルに白こしあんを入れ、卵黄を加えてヘラでよく混ぜ、さらに上白糖32gを加えて混ぜ合わせる。

2

別のボウルにA(粉類、紅茶、スパイス)を合わせる。

3

2をふるいながら1に加え、粉気がなくなるまでよく混ぜ合わせる。

4

別のボウルに卵白を入れて泡立て器でほぐして少し泡立て、上白糖13gを2～3回に分けて加え、ハンドミキサーできめの細かいメレンゲになるまで泡立てる。

＊目安は、メレンゲの先端が少し曲がるくらい。

5

3の生地にメレンゲを3回くらいに分けて加え、そのつどヘラで混ぜ合わせる。さらにきめを調えながらつやがでるまで混ぜ合わせる。

6

蒸し器の上段に準備の枠を置き、5の生地を入れてヘラで平らにならし、ドライいちじく、栗の甘露煮、甘納豆を均等に散らす。

7

蒸し器のふたにつゆ取りのための布巾をかけ(→6ページ参照)、蒸気が抜けるように少しずらしてのせ、強火で25分蒸す。蒸し上がったらクッキングシートを持ち上げて、ケーキクーラーなどに取り出す。

8

周囲のクッキングシートをていねいにはがし、冷めるまでそのままおく。冷めたら、好みの大きさに切り分ける。

メープル風味の
秋の実りの蒸しカステラ

●材料(15cm×15cm×5cm角枠)

白こしあん……………180g
卵黄……………………30g(約2個分)
メープルシュガー……45g
上新粉…………………13g
薄力粉…………………10g
卵白……………………65～70g(約2個分)
かぼちゃ………………120g
大納言甘納豆…………20g

●準備すること

・卵黄は茶こしでこす。卵白はボウルに入れて冷蔵庫で冷やしておく。
・メープルシュガーは32gと13gに分ける。
・かぼちゃは種を取り除き、ラップで包んで電子レンジ(600W)で1分～1分30秒加熱する。皮を薄く切り落とし、2～3cm角に切る。
・枠のサイズに合わせてクッキングシートを十文字に敷く。
・蒸し器の上段には乾いたさらし布巾を敷き、下段には水を入れ、火にかけてタイミングよく蒸気が上がるようにしておく。

●日もちの目安……2～3日

●作り方

1 ボウルに白こしあんを入れ、卵黄を加えてヘラでよく混ぜ、さらにメープルシュガー32gを加えて混ぜ合わせる。
2 上新粉と薄力粉を合わせてふるいながら1に加え、粉気がなくなるまでよく混ぜ合わせる。
3 別のボウルに卵白を入れて泡立て器でほぐして少し泡立て、メープルシュガー13gを2～3回に分けて加え、ハンドミキサーできめの細かいメレンゲに泡立てる。
＊目安は、メレンゲの先端が少し曲がるくらい。
4 2の生地にメレンゲを3回くらいに分けて加え、そのつどヘラで混ぜ合わせる。さらにきめを調えながらつやがでるまで混ぜ合わせる。
5 蒸し器の上段に準備の枠を置き、4の生地を入れてヘラで平らにならし、かぼちゃ、大納言甘納豆を均等に散らす。

6 蒸し器のふたにつゆ取りのための布巾をかけ(→6ページ参照)、蒸気が抜けるように少しずらしてのせ、強火で25分蒸す。蒸し上がったらクッキングシートを持ち上げて、ケーキクーラーなどに取り出す。
7 周囲のクッキングシートをていねいにはがし、冷めるまでそのままおく。冷めたら、好みの大きさに切り分ける。

さつま芋と小豆のかるかん

大和芋の豊かな風味と
白さが上品な蒸し菓子。
細く切って並べると、
あちこちから手が出ます。
ここではさつま芋と甘納豆を
散らしましたが
柚子の皮、桜の花の塩漬け、
栗などいろいろトッピングを
替えて楽しめます。
あんこを用いず、ワンボウルで
混ぜるだけなので
お菓子作り初心者にもおすすめ。

さつま芋と小豆のかるかん

●材料（15cm × 13.5cm × 4.5cmの流し缶１台分）

大和芋（皮をむき、すりおろしたもの）……60g
上白糖……………………………………80g
かるかん粉………………………………60g
水…………………………………………65cc
さつま芋…………………………………60g
大納言甘納豆……………………………18g

●準備すること

・上白糖はふるう。
・さつま芋は1cm角に切り、水にさらす。
・流し缶は中枠をはずし、クッキングシートを十文字に敷く。
・蒸し器の下段に水を入れて、火にかけタイミングよく蒸気が上がるようにしておく。

●日もちの目安……２～３日

●作り方

1

大和芋はすり鉢に入れ、すりこぎですってなめらかにする。

2

上白糖の半量を３回に分けて加え、そのつどよくすり混ぜる。残りの上白糖と水を交互に少しずつ加えながらすり混ぜる。

＊交互に加えては混ぜると、なじみやすくよく混ざる。

3

２にかるかん粉を３～４回に分けて加え、そのつどすりこぎですり混ぜ、均一になめらかな生地にする。

4

準備の流し缶に生地を流し入れる。

＊敷き紙が流し缶からはがれないように、生地を少し塗っておくとよい。

5

４の表面に水気をきったさつま芋と大納言甘納豆を均等に散らす。準備の蒸し器の上段に入れて強火で20～25分蒸す。

＊蒸し時間は気温、蒸気の上がり具合、大和芋のコシの強さなどによっても異なるので、状況を見極めて加減すること。

6

蒸し上がったらクッキングシートを持ち上げてケーキクーラーなどに取り出す。周囲のクッキングシートをはがして冷ます。冷めたら好みの大きさに切り分ける。

チョコレートの焼きまんじゅう

チョコレート風味の生地とナッツの
相性抜群コンビで、
オレンジピールやラムレーズン入りのあんを包んだ
おいしさ三重奏の焼き菓子です。
まぁるいボール状にキュートに仕上げましょう。

栗ひろい

かわいい栗の形の菓子は
小豆あんで作る「桃山」。
栗の形に成形するのはひと手間ですが、
「かわいい！」の
声があがること請け合いです。
栗の葉などを添えてもいいでしょう。

チョコレートの焼きまんじゅう

●材料(17個分)

薄力粉……………………80g
ココアパウダー…………20g
上白糖……………………55g
卵…………………………40g
無塩バター………………25g
重曹………………………1g
水…………………………2.5cc(小さじ1/2)
オレンジピールあん(またはラムレーズンあん)
…………………………408g
ココナッツロング………適量
スライスアーモンド……適量
薄力粉(手粉用)…………適量

●準備すること

・上白糖はふるう。
・あん(→63ページ)は、1個24gに分けて丸める。
・天板にクッキングシートを敷く。
・オーブンを180℃に温めておく。
・卵と無塩バターは冷蔵庫から出し常温にしておく。
・ココナッツロングは、つけにくい場合は刻んでおく。
・霧吹きに水を入れておく。

●日もちの目安……2～3日

●作り方

1

割りほぐした卵に上白糖を加えてよく混ぜ合わせ、バターを加えて上白糖とバターが溶けるまで湯せんにかけながら混ぜ合わせる。

2

1を冷まして、水で溶いた重曹を加えて混ぜ合わせる。

3

2に薄力粉とココアパウダーをふるいながら加え、さっくりと混ぜ合わせる。ひとまとめにしてラップで包み、冷蔵庫で30分ほど休ませる。

4

薄力粉(手粉用)をふるったバットに生地を取り出し、手でたたむようにして固さを調整しながら生地をもみまとめる。

5

全体を計量して17個に分ける。

6

あんを包む。手粉をつけて生地1個を左手にのせ、丸く押し広げ、ハケで内側の余分な粉を払って中央にあん玉をのせ、生地を指で下から持ち上げるようにして包む。

7

表面の余分な粉を払い、全体に霧を吹き、ココナッツ(またはアーモンド)を表面につけ、準備の天板に間隔をあけて並べ、180℃のオーブンに入れて約15～18分焼く。

8

オーブンから取り出し、ケーキクーラーなどにのせて冷ます。

＊オーブンによって火のまわりが異なるので、途中で天板の向きや菓子の位置を変える、焼き色がついたものから取り出すなど加減を。

栗ひろい

●材料(16個分)

小豆こしあん……………………360g～
ゆで卵の黄身(固ゆで)………1個分
寒梅粉……………………………5g
卵黄(生)…………………………10g(使う直前に裏ごす)
みりん……………………………小さじ1
みりん(調整用・仕上げ用)……適量
けしの実…………………………適量
栗あん……………………………288g

●準備すること

・栗あん(右記)は、1個18gに分けて丸める。
・底が焦げやすいので天板にアルミホイルとクッキングシートを重ねて敷く。
・オーブンを220℃に温めておく。

●日もちの目安……2～4日

●作り方

1 小豆こしあんは火取る。耐熱ボウルに小豆こしあんを入れ、キッチンペーパーでふたをして電子レンジ(600W)で加熱し、手につかない固めのあんになるまで水分をとばす。計量して330gを別のボウルに取り分け、固く絞った布巾をかぶせて冷ます。
＊一気に加熱せずに1分ごとにようすを見ながら加熱を繰り返すこと。加熱時間はあんに含まれる水分量や季節によって異なる。
＊完全に熱が抜けてから次の作業を進めるので、1時間ほど前にはしておくこと。

2 ゆで卵の黄身はほの温かいうちに裏ごす。続いて1のあんの1/3量を裏ごししてこし器の網目に詰まった黄身と一緒にこし出す。こした黄身とあんを手でよく混ぜもう一度裏ごしし、あんのボウルに戻してよくもみ混ぜる。

3 寒梅粉を加え、粉が見えなくなるまでもみ混ぜる。ラップで包み冷蔵庫で2時間～ひと晩休ませる。

4 休ませた3に卵黄(生)を加えてよくもみ混ぜ、みりんを少しずつ固さを調整しながら加えてもみ混ぜ、粘りのあるなめらかな生地にする。

5 生地をまとめ、16等分に分け、用意の栗あんを包む。丸く形を整えたら先をとがらせて、栗の形に成形する。

6 水(または卵白・分量外)をハケにつけて、底の部分を濡らして少し湿らせ、けしの実をつける。

7 220℃のオーブンの下段で約10分、裏を見て焼き色がついて丸く割れ目が入っていれば180℃に下げて上段に移して約8分、焼き色がつくまで焼く。
＊オーブンによって火のまわりが異なるので、途中で天板の向きや菓子の位置を変える、焼き色がついたものから取り出すなど加減を。

8 取り出し、熱いうちに全体にみりんを塗って仕上げる。
＊焼いた当日の桃山は少しパサついているが、一日おくとしっとりやわらかくなる。この状態を「焼き戻り」という。焼き戻る2日目からおいしく食べられます。

〈応用〉

5で栗形に成形せずに、丸く成形して型押しして(この生地は焼いてもくずれないので)焼いてもよい。

オレンジピールあん
ラムレーズンあん

●材料(出来上がり約440g)

白こしあん…………………400g
オレンジピール
(またはラムレーズン)……40g

●作り方

1 オレンジピール(またはラムレーズン)は細かく刻む。

2 白こしあんに1を加えて混ぜ合わせる。
＊あんの水分が多い場合は、耐熱ボウルに白あんを入れてキッチンペーパーでふたをし、電子レンジで加熱して水分をとばしてから使うこと。

栗あん

●材料(出来上がり300g)

白こしあん(常温)……250g
栗の甘露煮……………50g

●作り方

1 栗の甘露煮は蜜ごと鍋に入れ一度煮立たせ、ザルに移して蜜をきって冷まし、細かく刻む。

2 白こしあんに1を加えて混ぜ合わせる。
＊白あんの水分が多い場合は、耐熱ボウルに白あんを入れてキッチンペーパーでふたをし、電子レンジで加熱して水分をとばしてから使うこと。

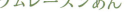

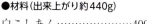

焼き芋

お芋！とみんなの笑顔がこぼれる焼き菓子。
シナモンとバターを加えた
風味豊かで懐かしい味わいの生地に
ねっとりおいしい芋あんを包んで成形、
仕上げの黒ごまが決め手です。

焼き芋

●材料（20個分）

卵（常温）…………………卵30g＋卵黄7g（約1/2個分）
上白糖……………………55g
無塩バター………………8g
重曹………………………1g
水…………………………2.5cc（小さじ1/2）
薄力粉……………………70g
強力粉……………………40g
シナモン…………………1.3g（小さじ1強）
芋あん……………………600g
シナモン（まぶし用）……適量
薄力粉（手粉用）…………適量
黒ごま……………………適量
つや出し用卵液…………余った卵黄＋みりん少量

●準備すること

・卵と卵黄は割りほぐして合わせ卵液にする。
・上白糖はふるう。
・無塩バターは冷蔵庫から出し常温にする。
・芋あん（→66ページ）は1個60gに分けて丸める。
・つや出し用卵液は、余った卵黄をみりん少量で溶く。
・天板にクッキングシートを敷く。
・オーブンは180℃に温めておく。

●日もちの目安……3～4日

●作り方

1

ボウルにバターを入れてゴムベラでクリーム状にのばし、上白糖を加えてしっかりとすり混ぜる。泡立て器に替え、用意の卵液を半量加えて溶きのばすように混ぜ、全体によく混ざったら残りを加えて混ぜ合わせる。別のボウルにぬるま湯を入れ、上白糖が溶けるまで湯せんにかけながら混ぜ合わせる。

2

1を冷まして、水で溶いた重曹を混ぜ合わせる。

3

薄力粉、強力粉、シナモンを合わせてふるって加え、粉気がなくなるまでさっくりと混ぜ合わせる。ひとまとめにしてラップで包み、冷蔵庫で2時間ほど休ませる。

4

休ませた生地を薄力粉（手粉用）をふるったバットに取り出し、生地を手でたたむようにして固さの調整をしながらもみまとめる。

5

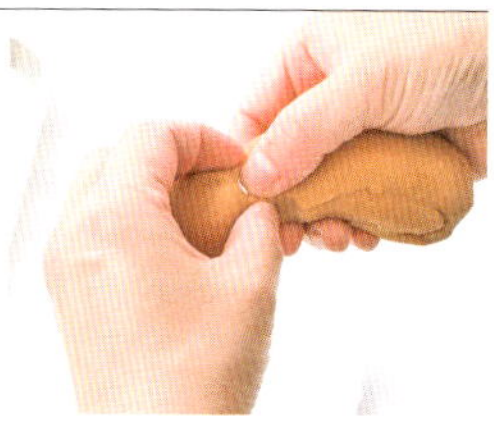

計量して10等分にする。

6

手粉をつけてひとつを左手にのせて丸く押し広げ、ハケで内側の余計な粉を払い、あん玉をのせて包む。

7

表面についた余分な粉を払い、全体にシナモンをまぶし、楕円形に成形する。

8

伏せたバットの上に置き、糸を使って半分に切る。

9

切った面を上にして天板に間隔をあけて並べ、一回目のつや出し用卵液を塗る。1～2分おいて表面が乾いたら2回目の卵液を塗り、真ん中に黒ごまをつける。

10

180℃のオーブンに入れて約18～20分焼く。焼き上がったらケーキクーラーなどにのせて冷ます。

＊オーブンによって火のまわりが異なるので、途中で天板の向きや菓子の位置を変える、焼き色がついたものから取り出すなど加減を。

芋あん

●材料(出来上がり600g)

さつま芋(皮をむいた正味)……220g
白こしあん(常温)………………280g
ゆで卵の黄身(固ゆで)…………1個分
グラニュー糖……………………110g
水飴………………………………20g
無塩バター………………………15g
水…………………………………150cc～

＊さつま芋は、厚さ2cmに切り、15分ほど水にさらしておく。

●作り方

1 ゆで卵の黄身はほの温かいうちに裏ごす。続いて、白こしあんの1/3量を裏ごししてこし器の網目に詰まった黄身と一緒にこし出す。こした黄身とあんを手でよく混ぜ、もう一度裏ごしし、乾かないようにラップをかけておく。

2 さつま芋は水気をきり、蒸し器に並べて強火で15～20分、竹串がスッと入るまで蒸す。

3 水で濡らしてかたく絞ったさらし布巾を敷き、その上にこし器を置いて、さつま芋が温かいうちに裏ごす。残りの白こしあんを加え、全体をさらし布巾ごともみまとめる。

4 鍋に水を入れて沸騰させ、グラニュー糖を入れて溶かし、3を加えて練り始める。

＊固いようなら、練りやすい程度のやわらかさになるまで水を加える。

5 とろみがついてきたら1の黄味あんを加え、焦がさないように好みの固さまで練って火を止め、バターを加えて混ぜて溶かし、水飴を加えて混ぜて溶かし、バットに小分けにして取り出して冷ます。

＊水分がとびにくいあんなので、やわらかいようなら、あんを鍋肌にはりつけたまましばらくおいて水分をとばすとよい。

＊練り上がりの固さは使う目的に応じて加減を。焼き菓子用は少し固めに練り上げる。

ほめられ和菓子―3

フレッシュなできたてを贈る
和のデザート

持ち寄りのお集まりで注目を集めるデザート。
旬のフルーツや季節の色彩で仕立てる和テイストのやわやわ、ぷる～ん
かるい口当たりとのど越しは、まさに「デザートは別腹」。
和菓子作りが初めてでも、手軽に作れます。
大事なことは、作りたてのおいしさをそのまま持参できるよう
その日のタイムスケジュールを考えて作りましょう。

柚子香《ゆずか》

柚子の皮を器にした眼福口福な贈りもの。
柚子の滋味豊かな風味と
中に詰めたつぶつぶした道明寺かんの
出会いは口にやさしく
散らした甘納豆がアクセントになります。

柚子香

●材料（4個分）

柚子……………………4個
角寒天……………4g
グラニュー糖……150g
水飴………………20g
道明寺粉…………20g
大納言甘納豆……32粒
水…………………220cc

●準備すること

・角寒天はたっぷりの水に約8時間浸して、乳白色になるまでもどす。

＊寒天液（錦玉）は常温で固まるので、慌てずに作業できるように材料・道具の準備をしておく。

●日もちの目安

……冷蔵庫で2～3日

●作り方

1

柚子は洗って、ふたにする上面を切り落とす。切り口や皮を傷つけないように中身を取り出し、ザルでこして果汁を搾って60ccを取り分ける。中身を取り出した皮は水に浸してアクを抜く。

＊果汁を搾る前に手を洗って清潔にすること。

2

鍋に道明寺粉とたっぷりの水を入れ、煮立って約5分、芯がなくなるまでゆでる。茶こしに移して湯をきる。

3

準備の角寒天の水気をきって鍋にちぎり入れ、分量の水を加えて中火にかける。煮立ってきたら火を弱め、途中ヘラで混ぜながら寒天を煮溶かす(4分くらい)。

＊ヘラで混ぜすぎると寒天が溶けにくくなるので注意。

4

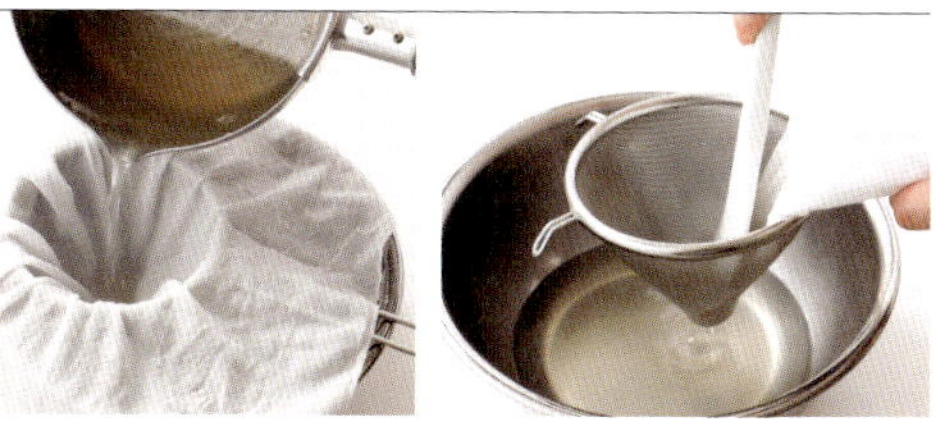

さらし布巾をかませたこし器に3を通してボウルにこし入れる。

5

4の寒天液を鍋に戻し、グラニュー糖を加えて溶かし、ひと煮立ちさせてアクを取り除く。

6

2の道明寺粉を加え、泡立て器で全体に散らばるように混ぜ、火を止めて水飴を加えて溶かし、ボウルに移す。

＊グラニュー糖だけでは離水しやすいので保湿力のある水飴を加える。

7

別のボウルに水を入れ、6のボウルの底を当てながら粗熱をとる。熱が抜けたら1の果汁を加えて混ぜ合わせる。

＊熱が抜けていないと道明寺粉が沈むので注意。

8

柚子の皮は水から出して伏せて水気をきる。7を計量カップで手早く柚子の皮に注ぎ、固まらないうちに甘納豆を7粒ずつ入れる。常温でそのまま冷ましてから、冷蔵庫で2～3時間冷やす。

葡萄《ぶどう》の雫《しずく》
林檎《りんご》の雫《しずく》

丸ごとのぶどうを
つるんとした寒天で包んで茶巾絞りに。
したたる雫を思わせる
涼味満点の夏のお菓子です。
味替わりとして、
エキゾチックな風味の
りんごの紅茶煮で作る
「林檎の雫」もおすすめです。

葡萄の雫

●材料（約10個分）

角寒天…………………………3g
グラニュー糖…………………90g
はちみつ………………………15g
水………………………………230cc
ぶどう（種なし巨峰など）……10個
レモンの皮のせん切り………適量

●準備すること

・角寒天は約8時間以上（乳白色になるまで）水に浸してもどす。
・水まんじゅうの型やぐいのみなど、適当な大きさの容器に18cm四方のポリシートかラップを敷き込む。口を絞るワイヤータイを10本用意する。
・寒天液（錦玉）は常温で固まるので、スムーズに作業できるように準備をすること。

●日もちの目安……冷蔵庫で2～3日

●作り方

1 ぶどうは皮を湯むきする。鍋に水（分量外）を沸騰させ、ぶどうを入れて再び煮立ったら手早く湯からあげて氷水にとり、皮をむく。

2 もどした角寒天は絞って水気をきり、鍋にちぎり入れ、分量の水230ccを加えて中火にかける。煮立ってきたら火を弱め、2～3分、途中何度かヘラで混ぜて寒天を溶かす。
＊ヘラで混ぜすぎると寒天が溶けにくくなるので注意すること。

3 グラニュー糖を加えてひと煮立ちさせて煮溶かし、途中アクが出たら取り除く。火を止め、はちみつを加えて溶かす。

4 こし器にさらしをかませて3をボウルにこし入れ、レモンの皮を加えて混ぜる。水を入れた別のボウルに底を当てながら、かるく粗熱をとる。

5 手付きの計量カップに移して用意の型に30gずつ注ぎ、ひと呼吸おいて1のぶどうを静かに入れる。

6 寒天液が固まらないうちに茶巾絞りにしてワイヤータイで口を結び、きれいに丸く仕上がるように固まるまでハンガーなどに吊るしておく。

バリエーション

りんごの紅茶煮を包む「林檎の雫」もおいしい

●「りんごの紅茶煮」の材料と作り方（100g・1個10g）

1 りんごは（皮をむいて芯を取り除いて200g用意）、12等分に切ってさらに厚さ5mmのくし形に切る。

2 ボウルに湯250ccと紅茶葉（アッサム）4gを入れてラップをして2分蒸らす。茶こしを通して鍋に移し、グラニュー糖80gを加えて火にかけて溶かす。

3 りんごを入れてクッキングシートの落としぶたをして10分～15分、りんごが半透明になるまで煮て火を止め、冷ます。
＊使う前に、ザルに移して煮汁をきる。

ヴェリーヌ
小豆と桜
抹茶とほうじ茶

小さな器に重ねて華やかな層で魅せるヴェリーヌ。
ここでは、口溶けなめらかな
アガーのジュレを二層に重ねました。
間に散らした甘納豆は
目に涼やかで、食べると心地よい食感のアクセントに。
小豆と桜の魅力は、透ける桜のはなびら。
抹茶とほうじ茶には、
かろやかな和三盆のシロップを添えます。

抹茶とほうじ茶のヴェリーヌ

●材料(110ccの器6個分)

〈抹茶かん〉

A ┌アガー……………5g
　 │グラニュー糖……65g
　 └抹茶(ふるう)……3g

白こしあん……………130g

水………………………250cc

〈ほうじ茶のジュレ〉

B ┌アガー……………4g
　 └グラニュー糖……40g

ほうじ茶………………250cc

大納言甘納豆…………42粒

〈和三盆のシロップ〉

和三盆糖(ふるう)……50g

グラニュー糖…………10g

水………………………40cc

●準備すること

・A、Bはそれぞれボウルに入れて泡立て器で混ぜ合わせる。アガーは砂糖と混ぜて使うとダマになりにくい。

・ボウルにほうじ茶の茶葉5gを入れ、熱湯300ccを注ぎ、ラップでふたをして10分蒸らし、キッチンペーパーをかましたこし器でこして、250ccのほうじ茶を用意。

●日もちの目安……冷蔵庫で1～2日

●作り方

1

〈抹茶かんを作る〉　鍋に水を入れ、Aを泡立て器で混ぜながらダマにならないように加える。

2

火をつけて混ぜてグラニュー糖が溶けるまで混ぜ合わせる。白こしあんを加えて混ぜて溶かし、強火にしてひと煮立ちさせてアクを取り除き、ボウルに移す。

3

別の大きめのボウルに水を張り、2のボウルの底を水に当てて混ぜながら粗熱をとる。

＊比較的高い温度で固まり始めるので、熱を抜き過ぎないように注意。

4

器に均等(約65g)に流し入れ、冷水を張ったバットに並べて冷やし固める。

5

〈ほうじ茶のジュレを作る〉鍋にほうじ茶を入れ、Bを泡立て器で混ぜながらダマにならないように加える。火をつけてグラニュー糖が溶けるまで混ぜ合わせる。強火にして静かに混ぜながらひと煮立ちさせてアクを取り除き、ボウルに移す。

6

別の大きめのボウルに水を張り、5のボウルの底を水に当てて混ぜながら粗熱をとる。

＊比較的高い温度で固まり始めるので、熱を抜き過ぎないように注意。

7

4の表面が固まったら、甘納豆を7粒のせ、6のほうじ茶のジュレを均等(約40g)に静かに注ぎ入れる。冷めたらラップをして冷蔵庫で冷やし固める。

8

〈和三盆のシロップを作る〉　耐熱ガラスのボウルにグラニュー糖と水を入れ、電子レンジ(600W)で1分加熱し、取り出して和三盆糖を加えて混ぜて溶かす。茶こしなどでこして、冷ます。食べるときに、抹茶とほうじ茶のヴェリーヌにかける。

＊持参する場合は、和三盆のシロップは別容器で添える。

小豆と桜のヴェリーヌ

●材料(110ccの器6個分)

〈小豆かん〉

A┌アガー……………………………5g
　└グラニュー糖…………………65g

小豆こしあん………………………150g

水……………………………………250cc

〈桜のジュレ〉

B┌アガー……………………………4g
　└グラニュー糖…………………45g

桜の花の塩漬け(刻んだもの)……5g

水……………………………………250cc

大納言甘納豆………………………30粒

●準備すること

- A、Bはそれぞれボウルに入れて泡立て器で混ぜ合わせる。アガーは砂糖と混ぜて使うとダマになりにくい。
- 桜の花の塩漬けは、水でさっと洗って絞り、軸は取り除いて刻む。

●日もちの目安……冷蔵庫で1～2日

●作り方

1

〈小豆かんを作る〉　鍋に水を入れ、Aを泡立て器で混ぜながらダマにならないように加える。火をつけて混ぜてグラニュー糖が溶けるまで混ぜ合わせる。

2

小豆こしあんを加えて混ぜて溶かし、強火にしてひと煮立ちさせてアクを取り除き、ボウルに移す。

3

別の大きめのボウルに水を張り、3のボウルの底を水に当てて混ぜながら粗熱をとる。

＊比較的高い温度で固まり始めるので、熱を抜き過ぎないように注意。

4

器に均等(約65g)に流し入れ、冷水を張ったバットに並べて冷やし固める。

5

〈桜のジュレを作る〉　鍋に水を入れ、Bを泡立て器で混ぜながらダマにならないように加える。火をつけてグラニュー糖が溶けるまで混ぜ合わせる。強火にして静かに混ぜながらひと煮立ちさせてアクを取り除き、ボウルに移す。

6

5のボウルに桜の花を加え、別の大きめのボウルに水を張り、ボウルの底を水につけて混ぜながら粗熱をとる。

＊比較的高い温度で固まり始めるので、熱を抜き過ぎないように注意。

7

4の表面が固まったら、甘納豆を5粒のせ、6の桜のジュレを均等(約40g)に静かに注ぎ入れる。冷めたらラップをして冷蔵庫で冷やし固める。

葛《くず》プリン
生姜《しょうが》ミルク
きな粉ミルク

ひんやり、ぷるんの葛の食感がうれしい
本葛粉を用いたミルクプリンです。
どなたの口にも合うシンプルなおいしさも魅力。
持ち寄りのお集まりなら
シロップやフルーツなどを別に添えて
それぞれお好みでトッピングするスタイルも
盛り上がります。

生姜ミルクの葛プリン

●材料(115ccの容器8個分)

牛乳……………………550cc
粉寒天…………………1g
本葛粉…………………20g
上白糖…………………50g
はちみつ………………20g
しょうが(薄切り)……2～3枚
水………………………50cc

●日もちの目安……冷蔵庫で1～2日

●作り方

1

小さめのボウルに本葛粉を入れ、水を2回に分けて加えて溶きのばす。

2

鍋に牛乳を入れ、粉寒天、しょうがを加えて火にかけ、ヘラで静かに混ぜながら牛乳を温め、上白糖とはちみつを加えて溶かす。

3

1のボウルに2を50ccほど加えてよく混ぜ合わせて、鍋に戻し、ヘラで静かに混ぜ続けてひと煮立ちさせて火を止める。

＊葛は鍋肌からしっかり混ぜて煮ること。

4

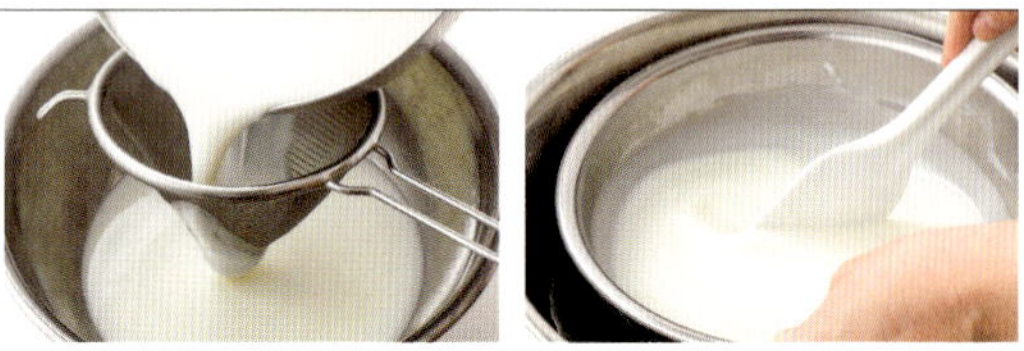

目の細かいこし器でボウルにこし(しょうがも取り除く)、水を張った別のボウルに底を当てて、ヘラでゆっくりかき混ぜながら粗熱をとる。

5

器に均等に(約75g)流し入れ、冷めたらラップをして冷蔵庫で冷やす。

葛プリン＋トッピングで味わいいろいろに

きび糖シロップ、フルーツ、ゆで小豆などをトッピングすると、見栄えもよく味わいも豊かになる。フルーツは、缶詰とフレッシュを組み合わせると甘味とさわやか感のバランスがよい。

●きび糖シロップの材料と作り方

耐熱ガラスのボウルにきび糖60g、水40cc、水飴5gを入れ、電子レンジ(600W)で30秒加熱して取り出して混ぜ、再び煮立つまで30～40秒加熱し、取り出してよく混ぜ合わせ、冷ます。

＋きび糖シロップ　＋フルーツ　＋ゆで小豆

きな粉ミルクの葛プリン

●材料（115ccの容器8個分）

牛乳……………………………550cc
粉寒天…………………………1g
本葛粉…………………………16g
三温糖…………………………55g
きな粉（深煎りタイプ）……20g
水………………………………50cc

●日もちの目安……冷蔵庫で1～2日

●作り方

1 小さめのボウルに本葛粉を入れ、水を2回に分けて加えて溶きのばす。

2 鍋に牛乳を入れ、粉寒天を加えて火にかけ、ヘラで静かに混ぜながら牛乳を温め、三温糖ときな粉を加えて溶かす。

3 1のボウルに2を50ccほど加えてよく混ぜ合わせて、鍋に戻し、ヘラで静かに混ぜ続けてひと煮立ちさせて火を止める。

＊葛は鍋肌からしっかり混ぜて煮ること。

4 目の細かいこし器でボウルにこし、水を張った別のボウルに底を当てて、ヘラでゆっくりかき混ぜながら粗熱をとる。

5 器に均等に（約75g）流し入れ、冷めたらラップをして冷蔵庫で冷やす。

ぷるっ、つるっ、ふるふる……

おいしい食感の素材を使い分ける

アガー

透明感が高くぷるっとした寒天とゼラチンの中間のような食感が特徴です。無味無臭で素材の風味を邪魔しないので、香りや風味を大切にしたいお菓子に適しています。本書では「抹茶とほうじ茶のヴェリーヌ」、「小豆と桜のヴェリーヌ」に用いています。

抹茶とほうじ茶の
ヴェリーヌ

角寒天

アガーやゼラチンと比べ、凝固力が強いのが寒天です。粘りとなめらかな食感が特徴で、夏の菓子には欠かせない材料です。本書では「竹筒水ようかん」、「柚子香」、「葡萄の雫」などに用いています。

竹筒水ようかん

粉寒天

角寒天に比べて手軽に使用できるので、少量のお菓子作りに向いています。本書では「流しあんみつ」に用いています。

流しあんみつ

本葛粉

やさしくなめらかな口当たりが特徴で、和菓子作りには欠かせない材料のひとつ。葛の風味に差があるので、和菓子作りには是非上質な本葛粉を使いたいものです。本書では「水無月」、「葛プリン」に用いています。

水無月

手元にあるあんこで“おやつ”

和菓子を作って、あんこがちょっとだけ残ったとき、
おやつにして楽しみましょう。

ナッツ入り食パン＋小豆つぶあん＝つぶあんホットサンド

ナッツ入り食パンにつぶあんを塗って半分に折り、ホットサンドメーカーで焼いて、2つに切る。あれば、焼き印を押しても楽しい。こんがり焼けたナッツ入りパンとつぶあんのハーモニーがおいしいのなんの！

小豆こしあん＋ミルク＋シナモン＝あんミルク

グラスにあんこを入れ、牛乳を注ぎ、シナモンステックを添える。シナモンはパウダーでもよい。

混ぜながら飲んで、あんことミルクの味、シナモンの風味を味わって！　ホットでもアイスでもお好みで。

小豆つぶあん＋アイスクリーム＋ビスケット＝アイスビスケットサンド

バニラアイスクリームに小豆つぶあんを加えてよく混ぜ、ビスケットでサンドしてラップで包んで冷凍。アイスクリームは抹茶風味でもよい。保冷剤をつければ、気楽な手土産に最適。

ほめられ和菓子―4

お祝いのお配りもの、親しい方への差し入れに

縁起ものの小豆がメインの和菓子です。
誕生からお七夜、お誕生日、入学、進学などなど成長の節目、
敬老や長寿のお祝いなど人生の節目のお祝いに
贈りものにも、内祝いのお配りものにも喜ばれます。
また、親しい人の展覧会の差し入れやお稽古事の発表会の楽屋見舞いにも、
もちろん持ち寄りのお集まりにも、おすすめです。

お赤飯

日本の祝いや喜びの集いに欠かせないお赤飯。
古来赤い色は邪気を払い厄災を避けるとされ
赤い豆で米を染めた「赤飯」も縁起もの。
本来は〝ささげ〟で作りますが、
和菓子になじみのある〝小豆〟を用いました。
贈るときは、災難を転じるといわれる
南天《なんてん》（＝難転《なんてん》）の葉を添えるとよいでしょう。

お赤飯

●材料（作りやすい分量）

もち米……3カップ（米カップ3合）
小豆………60g
塩…………小さじ2/3

●準備すること

・もち米は水で洗い、たっぷりの水に3〜4時間浸しておく。
・蒸し器の上段には蒸し布巾を敷き、下段には水を入れ、火にかけてタイミングよく蒸気が上がるようにしておく。

●日もちの目安……1〜2日

●作り方

1

小豆は水洗いして鍋に入れ、水2カップ（分量外）を加えてひと煮立ちさせ、中強火で2〜3分そのまま煮立て、ザルに移して水で洗う。

＊小豆を下ゆでする、このひと手間がおいしさの差になる。

2

小豆を鍋に戻し、水5カップ（分量外）を入れて火にかけ、ひと煮立ちしたら中弱火にして約20分（やっと食べられるくらいの固さ）までゆでる。ザルに移し、小豆と煮汁に分ける。

＊途中アクが出たら取り除く。

3

小豆は乾かないようにラップをかけておく。煮汁は1カップを取り分け、塩を加えて溶かす。残りの煮汁はそのまま冷ます。

4

水に浸しておいたもち米を洗い、水気をしっかりきる。冷ましておいた3の煮汁を加え、3〜4時間浸しておく。

5

準備の蒸し器に蒸し布巾を広げ、4のもち米を入れてドーナツ状にして蒸し布巾をかぶせ、強火で30分蒸す。

6

5のもち米を蒸し布巾ごと持ち上げてボウルに取り出す。

7

取り分けておいた煮汁1カップと小豆を加え、全体によく混ぜる。

8

再び蒸し器に蒸し布巾を広げ、7を入れてドーナツ状にして布巾をかぶせ、強火で20分蒸す。

9

蒸し上がったら蒸し器の上段を火から下ろし、そのまま10分蒸らす。

＊蒸しが足りない場合は水（分量外）を打って、上下をざっくり返すように混ぜ、再度蒸す。

赤飯まんじゅう

栗、こしあん、お赤飯を
酒まんじゅうの皮で包みます。
栗とお赤飯が皮からのぞいた
愛嬌のある姿が魅力。
お赤飯を作ったら
ぜひおまんじゅうも作ってみて。

赤飯まんじゅう

●材料(16個分)

上白糖……………………………………………70g
酒……………………………………………………15cc
A ┌薄力粉…………………………………………100g
　 └ベーキングパウダー(蒸し物用)……2g
水……………………………………………………20cc
赤飯…………………………………………………240g
小豆こしあん……………………………………160g
栗の甘露煮………………………………………16片
黒ごま……………………………………………適量
薄力粉(手粉用)………………………………適量

●準備すること

・上白糖はふるう。
・Aの粉類は合わせてふるう。
・赤飯は1個15gに分けて丸める。
・小豆こしあんは、1個10gに分けて丸める。
・栗の甘露煮は蜜ごと耐熱ガラスのボウルに入れ、蜜が温まるまで電子レンジで加熱し、ザルに移して蜜をきって冷ます。
・わら半紙を5cm四方に切ったもの16枚を用意する。
・蒸し器の上段には水で濡らして固く絞ったさらし布巾を敷き、下段には水を入れ、火にかけてタイミングよく蒸気が上がるようにしておく。
・霧吹きに水を入れておく。

●日もちの目安……2〜3日

●作り方

1

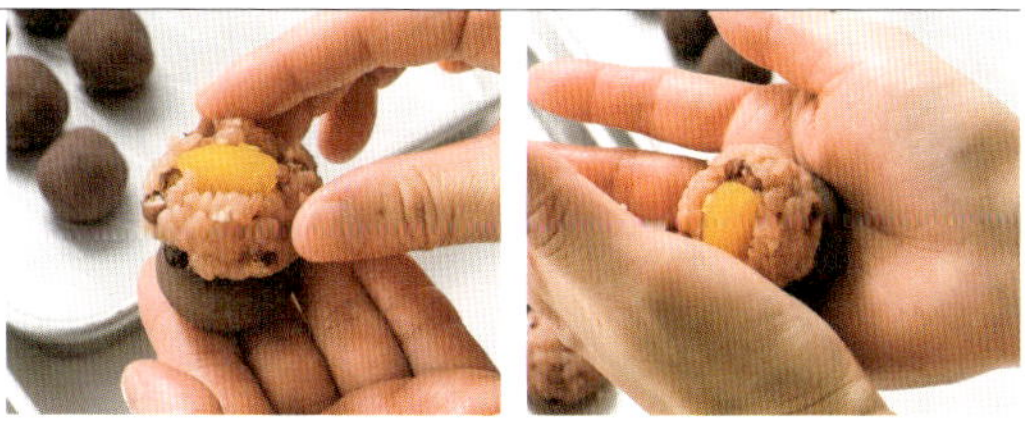

あん玉の上に赤飯を1個のせ、栗の甘露煮1片をのせて形を整える。

2

まんじゅうの生地を作る。ボウルに上白糖と水、酒を入れてよく混ぜ、ふるった粉類Aを加えて切るように混ぜ合わせ、粉気がなくなるまでしっかり混ぜる。

3

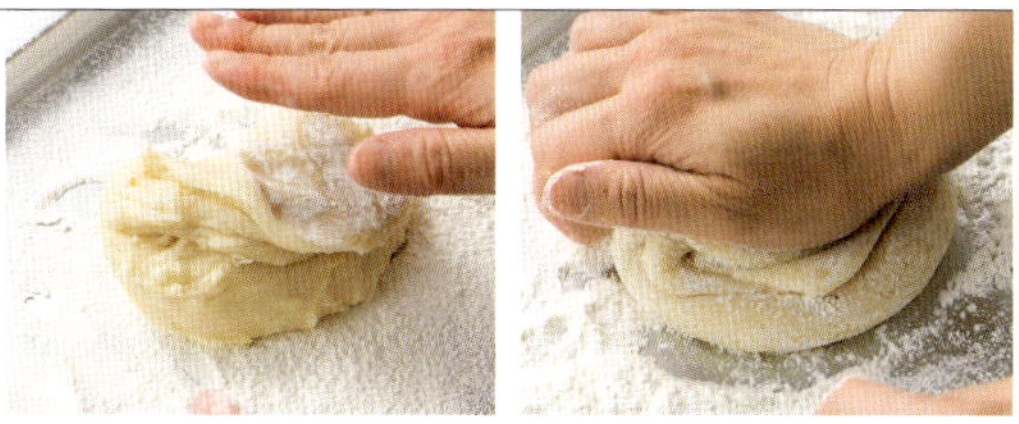

薄力粉(手粉用)をふるったバットに2の生地を移し、手でたたむようにしてかるく生地をもみまとめ、なめらかな耳たぶくらいの固さにする。

4

全体を計量し16等分(1個約13g)にちぎり分ける。

5

手粉をつけ、ひとつを左手にのせて、丸く押し広げてハケで内側の余分な粉を払い、1をのせる。

6

くるっと逆さにして生地をあんにそわせるように下にのばし、裏返して頭がのぞくように半包みにする。

7

準備の蒸し器の上段に間隔をあけてわら半紙を並べて霧を吹き、6をわら半紙の上に置く。全体に霧を吹き、ふたにつゆ取りのために布巾をかけ(→6ページ参照)、ふたをして強火で10分ほど蒸す。

8　蒸し上がったら、水をつけた手で蒸し器から取り出し、ケーキクーラーなどにのせて黒ごまを散らし、そのまま粗熱をとる。冷めきらないうちにシートなどで包む。

粟《あわ》おはぎ

もち米に少量の粟を混ぜた
滋味豊かな粟餅を
つぶあん、こしあん、きな粉で仕上げて。
三色作っても、一色だけでも
粟餅の味わいで勝負できる
格別のおはぎです。

栗おはぎ

●材料（あんのおはぎ13個分、またはきな粉のおはぎ9個分）

もち米……………………………………135g
もち栗……………………………………15g
熱湯………………………………………50cc
塩…………………………………………ふたつまみ

〈小豆つぶあんのおはぎ（または小豆こしあんのおはぎ）13個分〉
小豆つぶあん（または小豆こしあん）…390g（1個30g × 13個分）
〈きな粉のおはぎ9個分〉
小豆つぶあん……………………………135g（1個15g × 9個分）
きな粉……………………………………適量

●準備すること

・もち米ともち栗は合わせて洗い、たっぷりの水にひと晩浸しておく。
・小豆つぶあんのおはぎ（または小豆こしあんのおはぎ）のあんは、1個30gに分けて丸める。
・きな粉のおはぎのあんは、1個15gに分けて丸める。
・蒸し器の上段には蒸し布巾を敷き、下段には水を入れ、火にかけてタイミングよく蒸気が上がるようにしておく。

●日もちの目安……1～2日

●作り方

1

水に浸しておいたもち米ともち栗を洗って水気をしっかりきり、準備の蒸し器に蒸し布巾を広げてドーナツ状に入れ、蒸し布巾をかぶせ、強火で30分蒸す。

2

蒸し布巾ごと持ち上げてボウルに取り出し、熱湯に塩を加えて均一にかけ、全体によく混ぜ合わせる。

3

再び蒸し器に蒸し布巾を広げ、2を入れてドーナツ状にして蒸し布巾をかぶせ、強火で10分蒸す。蒸し器の上段を火から下ろしそのまま10分蒸らす。

4

3をボウルに移し、すりこぎなどで、粒が少し残っていて、粘りがでるくらいまでつぶす。

5

〈あんのおはぎを作る〉　4の餅種を計量し、手水をつけながら13等分に分けて丸める。手のひらにあん玉をのせて押さえて平らにし、餅をのせてあんで包む。すべて包み終わったら一度手をきれいに洗い、それぞれ丸形に整える。

6

〈きなこのおはぎを作る〉　4のも餅種を計量し、手水をつけながら9等分に分けて丸める。手のひらにのせて押さえて平らにし、あん玉をのせて包む。きな粉をまぶし、丸形に整える。きな粉を茶こしでバットにふるい、さらにおはぎにまぶす。

檸檬《レモン》白玉ぜんざい

レモン風味の白玉が
小豆の甘さとフルーツの風味をまとめてくれます。
おいしい白玉さえ作れば
あとは、ゆで小豆とフルーツを用意するだけで
とびきりの白玉ぜんざいに。

檸檬白玉ぜんざい

●材料(5人分)

白玉粉…………100g
水………………100cc
レモンの皮……適量
ゆで小豆………350g(1人分約70g。器の大きさで加減を)
いちご…………適量

●準備すること

・鍋にたっぷりの湯を沸かす。
・いちごは、へたを取り除いて食べやすい大きさに切る。

●日もちの目安……1日

●作り方

1

ボウルに白玉粉を入れ、水を2～3回に分けて加えながら手でよくこねて、だれないくらいの固さになるまでもみまとめる。

＊水は一度に全量入れずに少し残しておき、固さを調整する。

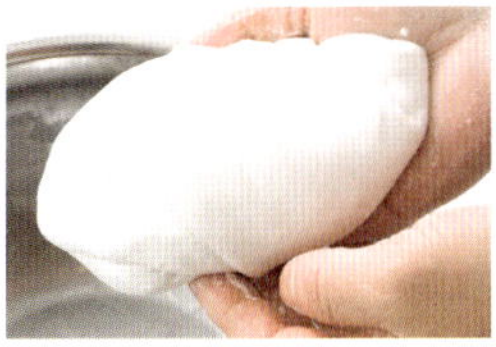

2

レモンの皮をすりおろして加え、全体に混ぜ合わせる。

3

丸く出して6gにちぎり分け、丸めて中央を少し凹ませる。

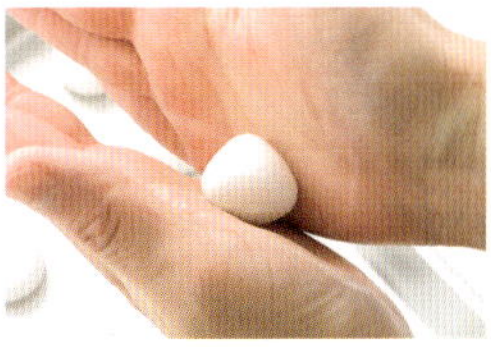

4

鍋にたっぷりの湯を沸かし、3を入れてゆでる。浮き上がってきたら中弱火にして2～3分ほど、ふっくらしてくるまでゆで、網じゃくしですくって冷水にとって冷やす。

＊白玉が湯の中で上下に浮遊するくらいの火力でゆでる。躍ったら火が強すぎる。

5

器にゆで小豆を盛り、白玉の水気をきってのせ、いちごを飾る。

＊白玉は長く冷蔵庫に入れると固くなり、風味が落ちるので、注意すること。

ゆで小豆

●材料(出来上がり300g)

小豆………………200g　きび糖………60g
グラニュー糖……180g　水……………適量

●作り方

1　小豆つぶあん(88ページ)の「小豆の煮方」を参考に小豆を煮る。煮上がったら、ふたをしたまま30分ほど蒸らす。

2　弱火にかけ、グラニュー糖ときび糖を2～3回に分けて加え、とろみがつくまで煮つめる。

基本のあん —— ①

小豆つぶあん

小豆のつぶの形を残して仕上げる
つぶあんは、初めての手づくりにふさわしい
あんの代表です。
ひと晩蜜に漬けて練ったあんの
おいしさは格別です。

●材料(出来上がり約650g)

小豆……………………200g
グラニュー糖……150g
きび糖……………60g
水飴………………20g
水……………………適量

●使う道具

厚手鍋、ざる、木ベラ、ゴムベラ、雪平鍋(直径18cm)または手坊主鍋(直径20cm)、ボウル、紙ぶた、さらし布巾、バット

point

＊鍋の大きさによって水の量は多少変わります。小豆に対しての水の量は、写真を参考にしてください。

＊作る菓子によって砂糖・水飴の量、あんの練り上がりの固さなどを変えます。(91 ページ参照)

＊あんは炊きたてよりも一日ねかせたほうが全体がなじんで状態がよくなります。

＊小豆は買ってきたら、できるだけ早めに使い切ります。新豆は煮る時間や渋の出方が違ってくるのでようすを見てください。

●作り方

小豆の煮方

1

小豆を水洗いして鍋に入れ、水500ccを加え強火にかけ、3分ほど煮立たせる。

2

浮いてきた小豆全体にしわがよったら、差し水(びっくり水)をして煮立ちをおさえ、50℃以下に温度を下げる。またひと煮立ちさせては差し水をするという作業を2回繰り返す。

＊差し水は 800cc以上を準備しておき 2 回に分けて加えます。

＊差し水で湯の温度を急激に下げることで、豆は水分を吸収しやすくなり、煮えむらが少なくなり早くゆで上がります。

3

小豆がふくらんで、しわがのびるまでそのまま煮立たせ、湯が十分赤くにごったら小豆をざるに移し、湯を捨てる。

＊小豆によって湯の色・沸騰させている時間は異なります。

4

豆を流水でさっと洗う(渋抜き)。

＊皮に含まれるタンニンなどは苦みや渋みの原因になり、あんの風味を悪くするので、ゆでた後はさっと水洗いをして取り除き、渋(アク)を落とします。これを渋抜き、または渋切りといいます。

5

鍋に水600ccを入れ、小豆を戻し入れて火にかける。煮立ったら火を弱め、小豆が軽く小躍りするくらいの火加減で20〜30分煮る。その間、小豆が水面から頭を出さない程度の差し水を2〜3回くらいする。

＊途中でアクが出てきたら取り除く。

6

小豆の香りがしてきて抵抗なく小豆がつぶれるまで煮る。

7

豆が躍らないようにクッキングペーパーの落としぶたをしてごく弱火でさらに20～30分煮る。途中、豆が水面から出ないように差し水をする。

＊さらに煮ることで皮までやわらかくなります。

小豆の蜜漬け

8

小豆が煮上がったらふたをし、30分ほど蒸らす。その後、鍋をかたむけて湯をきる。

＊湯は捨てきらなくても大丈夫。豆が煮くずれてしまったときは、さらし布巾をかけたザルに移し、小豆を鍋に戻します。

9

鍋にグラニュー糖ときび糖、水200ccを入れ火にかけひと煮立ちさせ、蜜を作る。

10

8の湯をきった小豆を9の鍋に入れ、ひと煮立ちさせる。

11

ボウルに移し、ひと晩蜜漬けにする。

＊夏は熱が抜けたら冷蔵庫で保存を。

小豆つぶあんの練り方

12

翌日、鍋に移して火にかけ、ひと煮立ちさせてから火を止め、ざるに移して小豆と蜜に分ける。

13

蜜を再び火にかけ、つやが出るまで煮つめる。

14

分けておいた小豆を戻し入れて、煮くずさないようにていねいに練っていく。

15

ヘラですくい上げて落としたときに、かたまりで流れ落ちるくらいの固さになったら、火を止めて水飴を加え、混ぜて溶かす。

16

小分けにしてバットなどに移して冷ます。

＊あんの状態や季節により、水で濡らして固く絞ったさらし布巾をかぶせて乾燥を防ぎます。

1日で炊き上げるには

ひと晩おかずに、そのまま練り上げたいときは、工程8で煮上がって湯をきったら砂糖の半量を鍋に入れます。中強火の火にかけ、ヘラで砂糖を溶かし、残りの砂糖も加えて焦がさないように練りましょう。好みの固さになったら火を止め、水飴を加えて冷まします。

基本のあん ―― ②

小豆こしあん

ひと手間かけて
皮を取り除いた小豆こしあんは、
なめらかで上品な口当たりです。

●材料（出来上がり約500g）

小豆………………200g
グラニュー糖……170g
水飴………………17g
水…………………適量

●使う道具

厚手鍋、ざる、木ベラ・ゴムベラ、雪平鍋（直径18cm）または手坊主鍋（直径20cm）、ボウル（大２個、中、深）、こし器（目の細かいもの）、玉じゃくし、さらし布巾、バット

point

＊あんは炊きたてよりも一日ねかせたほうが全体がなじんで状態がよくなります。

＊生あんは傷みやすいので、その日のうちにこしあんにしてしまいましょう。

●作り方

小豆の煮方

1

小豆を水洗いして鍋に入れ、水500ccを加え強火にかけ、3分煮立たせる。

2

浮いてきた小豆全体にしわがよったら、差し水をして煮立ちをおさえ、50℃以下に温度を下げる。ひと煮立ちさせては差し水をすることを2回繰り返す。

＊差し水の量は800cc以上を用意し、２回に分けて加えます。

＊湯の温度を急激に下げることで、豆は水分を吸収しやすくなり、煮えむらが少なくなり早くゆで上がります。

3

小豆がふくらんで、しわがのびるまでそのまま煮立たせる。湯が十分赤くにごったら小豆をざるにあけ、湯を捨てさっと流水で洗う（渋抜き）。

＊皮に含まれるタンニンなどはあんの風味を悪くするので、ゆでた後はさっと水洗いをして渋（アク）を落とします。

4

鍋に水600ccを入れ、小豆を戻し入れて火にかける。煮立ったら火を弱め、小豆が軽く小躍りするくらいの火加減で30～40分煮る。その間、小豆が水面から頭を出さない程度の差し水を2～3回くらいする。小豆の香りがしてきて、抵抗なく小豆がつぶれる程度まで煮る。

＊途中でアクが出てきたら取り除く。

生あんの取り方（出来上がり量約330g）

5

煮上がった小豆を、そのまま鍋の中で玉じゃくしなどを使ってつぶす。

小豆こしあんの練り方

6

大きめのボウルにざるをかけ、5をゆで汁ごとざるに移し、水をかけながら手でつぶし、小豆の皮を取り除き、小豆の中身(呉《ご》)をこし出す。

＊ボウルにこし出した小豆の中身（呉）が、あんになります。

7

大きめのボウルに目の細かいこし器を置き、6を移し、水をかけながら手でていねいに呉をこし、さらに細かい皮を取り除く。

8

たっぷりの水を注いで全体をよく混ぜてしばらくおき、小豆の呉が沈殿したら上水を捨てる。もう一度、目の細かいこし器でこす。

9

再び、たっぷりの水を注いで全体をよく混ぜてからしばらくおき、小豆の呉が沈殿したら上水を捨ててこす。この作業を水が澄むまで3〜4回繰り返す。

＊あわてずきちんと沈殿するまで待ちます。

＊ボウルの大きさ（水の量）によって水が澄むまでの、さらす回数が変わります。

＊澱粉《でんぷん》質は水が冷たいほうが早く沈殿するので、夏場は冷水を使うとよいでしょう。

10

水が澄んだら、上水の3/4量くらいを捨て、固く絞ったさらし布巾をかけたざるに移す。水気をきり、さらし布巾ごとしっかり水気を絞り、ボウルに移す。

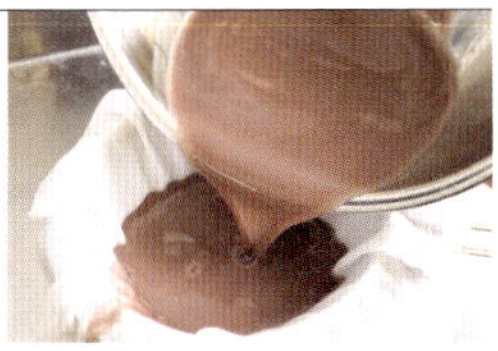

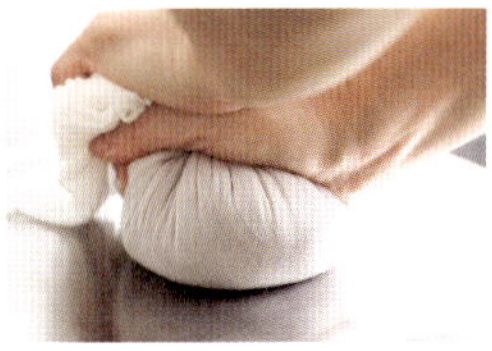

＊体重をかけて、水気を完全にきりましょう。

＊さらしの中に残った呉が生あんです。

11

鍋に水(120cc)を入れひと煮立ちさせ、グラニュー糖を加えて煮溶かす。

12

11に10の小豆生あんを加え、絶えず全体をかき混ぜながら、中強火で焦がさないように、しっかり練る。

＊水が足りなければ足して、全体にしっかり熱を加えていきます。

＊あんに十分に火を通しておくと、口当たりがよくなり、つやも出ます。

13

あんをすくって落としたときに、山のようにこんもりとした状態になるくらいの固さまで炊いたら、火を止めて水飴を加え溶かす。

＊水飴は熱いあんでゆるめて加えましょう。

14

あんをヘラで鍋肌にはりつけ、鍋肌にこびりついたあんも練り混ぜて、全体をなじませる。

＊あんがやわらかければ、鍋肌にはりつけたまましばらくおいて水分をとばします。

15

小分けにしてバットに取り出し、冷ます。

あんの固さ

あんは、作る菓子によって砂糖、水飴の量、練り上がりのあんの固さなどを変えます。一般的にわらび餅や求肥《ぎゅうひ》のように、外側がやわらかな菓子にはやわらかなあんを、練りきりなどのあんは、やや固めを使います。

基本のあん —— ③

白こしあん

風味のよい白こしあんは、
豆の香りも豊かで、
和菓子になくてはならないあんです。

●材料(出来上がり約450g)

白いんげん豆(手《て》芒《ぼう》)……200g
グラニュー糖……………150g
水…………………………適量

●使う道具

厚手鍋、ざる、木ベラ、ゴムベラ、雪平鍋(直径18cm)または手坊鍋(直径20cm)、玉じゃくし、ボウル(大2個、中、深)、こし器(目の細かいもの)、さらし布巾、バット

point

＊あんは炊きたてよりも一日ねかせたほうが全体がなじんで状態がよくなります。

＊作る菓子によって砂糖の量、練り上がりのあんの固さなどを変えます。(91 ページ参照)

＊生あんは傷みやすいので、その日のうちにこしあんにしてしまいましょう。

＊新豆は煮る時間や渋の出方が違ってくるのでようすを見てください。

●作り方

白いんげん豆の煮方

1

白いんげん豆は洗ってたっぷりの水にひと晩浸しておく。ざるにあけて鍋に入れ、水600ccを加え、強火にかけ、3分煮立たさせる。

2

その後差し水をして煮立ちをおさえ、50℃以下に温度を下げる。ひと煮立ちさせては差し水をする、という作業を2回繰り返す。

＊差し水は 800cc以上を準備しておき、2 回に分けて加えます。
＊差し水で湯の温度を急激に下げることで豆は水分を吸収しやすくなり、煮えむらが少なくなり、早くゆで上がります。

3

そのまましばらく煮立たせたら、豆をざるに移し、湯を捨てさっと流水で洗う(渋抜き)。

4

鍋に水700ccと豆を入れ、火にかける。煮立ったら火を弱め、豆が軽く小躍りするくらいの火加減で30～40分煮る。その間、豆が水面から頭を出さない程度の差し水を2～3回くらいする。

5

豆の香りがしてきて抵抗なく豆がつぶれる程度まで煮る。

生あんの取り方（出来上がり量約 300g）

6

煮上がった豆を、そのまま鍋の中で玉じゃくしなどを使ってつぶす。

7

大きめのボウルの上にざるをかける。6をゆで汁ごとざるに移し、水をかけながら手でつぶし、豆の中身(呉)をこし出す。たっぷりの水を注いでそのまま沈殿させ、上水を捨てる。

＊ボウルにこし出した豆の中身(呉)があんになります。

8

大きめのボウルに目の細かいこし器を置いて7を入れ、水を少しずつかけながら、手で、ていねいに呉をこし、細かい皮は取り除く。たっぷりの水を注ぎ、全体をよく混ぜてしばらくおき、呉が沈殿したら上水を捨ててもう一度こし器でこす。

9

再び、たっぷりの水を注いで全体をよく混ぜてからしばらくおき、豆の呉が沈殿したら上水を捨てる。この作業を水が澄むまで3～4回繰り返す。

＊あわてずにきちんと沈殿するまで待ちます。

＊ボウルの大きさ（水の量）によって水が澄むまでの、さらす回数が変わります。

＊澱粉質は水が冷たいほうが早く沈殿するので、夏場は冷水を用いるとよいでしょう。

10

水が澄んだら上水の3/4量くらいを捨て、固く絞ったさらし布巾をかけたざるに移す。

11

水気をきり、さらし布巾ごとしっかり水気を絞り、ボウルに移す。

＊体重をかけて水分を完全にきりましょう。

＊さらしの中に残った呉が生あんです。

白こしあんの練り方

12

鍋に水(80cc)を入れて、ひと煮立ちさせ、グラニュー糖を加えて煮溶かしたら、11の生あんを入れる。

13

かき混ぜながら中強火で焦がさないように練る。

＊水が足りないようなら足して、しっかり全体に熱を加えていきます。

＊あんに十分に火を通しておくと口当たりがよくなり、つやも出るのでよく練りましょう。

14

あんをすくって落としてみて、山のようにこんもりとした状態になるくらいの固さまで炊き上げる。

15

火を止め、あんをヘラで鍋肌にはりつけ、余分な水分をとばしながら、鍋肌にこびりついたあんも練り混ぜ、全体をなじませる。

＊あんがやわらかければ、鍋肌にはりつけたまましばらくおいて水分を飛ばします。

16

小分けにしてバットに取り出し、冷ます。

＊練り上げたあんの状態や季節により、水で濡らして固く絞ったさらし布巾をかぶせて冷まします。

和菓子作りの道具

和菓子作りには、普段あまり目にしない特殊な道具も必要です。また家庭にある道具でも、和菓子作りならではの使い方、選び方のポイントがあります。

《基本の道具》

計量スプーン
和菓子作りは正しい計量が基本。大さじ（15cc）、小さじ（5cc）、小さじの小(2.5cc)があると便利。

計量カップ
目盛りがあり、持ち手がついていて軽いものが使いやすい。

クッキングスケール
材料の計量やあん玉や生地などを、均等に分けるときに欠かせない。煮つめ具合なども、仕上がりの目方で確認すると失敗がない。

耐熱ガラスボウル（大・中・小）
電子レンジにかけられるので、あんや生地を焦がさず加熱できる。

ステンレスボウル（大・中）
大のボウルはあんをさらすときに水があふれてしまわないよう、最低でも容量が4ℓ、直径30cm以上のものを準備する。

ステンレスバット（大・中・小）
あんなどを広げて冷ましたり、そのまま冷蔵庫にも。大は生地をのばすときにも使うので、30×40cmくらいの大きさを。

さらし布巾
こしあん作りや、菓子の乾燥の防止、また蒸し器に敷いたり、つゆ取りなど多目的に使うので、数枚は常備しておきたい。

木ベラ・ゴムベラ
用途に合わせて、いくつかそろえておくと便利。

めん棒
生地をのばすときに必要。長さ40cm以上の長めのものが使いやすい。

アク取り
豆を煮るときや、寒天を溶かすときに出るアクを除くときに便利。

泡立て器
ワイヤーの間隔が狭く、丸みがあるものがよく泡立つ。使うときは材料を入れるボウルの大きさとのバランスも考えて。

《加熱する道具》

雪平鍋（大・小）
練るほうの手に力が入れられるよう、鍋をしっかり固定できる片手鍋が便利。大小を準備したい。

手坊主鍋
あんを練るときに、かき混ぜやすいよう、底が丸くなっている鍋。ヘラで全体を混ぜるときに使いやすい。

フライパン
餅、団子などの面に焼き色をつけるときに使用。

銅鍋
あんを煮るには熱伝導が優れている銅製の鍋が理想的。熱すると、冷めにくいので、あんがむらなく煮える。

蒸し器
角型のステンレス製の2段式が使いやすい。下段に湯を入れるので、あらかじめ蒸気を立てておけるうえ、差し湯も簡単。

《こす・ふるう道具》

裏ごし器
裏ごし一般に使う。ステンレス製が丈夫で洗いやすく、清潔に使える。

裏ごし器（60メッシュ）
こしあん作りでは目の細かいこし器を使う。直径が24cmで中に手の入る大きさのものが使いやすい。

粉ふるい
主に薄力粉やそば粉などの粉類をふるう。網目が二重になっているので細かくふるえて空気も含み、ふんわり仕上がる。

柄つきのザル
フックがついているのでボウルや鍋にかけて、小豆やあんをこすのに使う。上白糖などをあらかじめふるっておくのにも便利。

茶こし
主に卵黄や抹茶など、ダマになりやすい材料に使う。一度濡らすとすぐに使えないので、数本常備しておくと便利。きな粉などを仕上げにふるうときにも使う。

こし器
主に寒天液など、液体のものをこすときに使う。網目が細かく、逆円錐形なので、最後の一滴までこしやすい。

《成形や仕上げの道具》

流し缶（大・小）
水ようかんや青柚子かんのように、寒天などを使って冷やし固めるものなどに使う。二重底になっていて底をはずせるものが扱いやすい。

角枠
底がなく、ステンレスの枠だけの道具。クッキングシートを敷いて、浮島などの蒸し菓子に使う。

霧吹き
蒸す前のおまんじゅうや、蒸し器の中に敷いたわら半紙などに霧を吹くときに使う。細かな霧がたっぷりと出るものを選ぶ。

ハケ・筆
ハケは、生地などについた余分な粉を払う役目を。筆は溶いた色粉を菓子に彩色するときなどに使う。

絹布巾
栗茶巾や、練りきり生地を絞るときに使う絹製の薄い専用布。細やかなしわなども表現できる。

カステラ包丁
蒸し菓子やカステラなどを切り分ける専用の包丁。薄くて刀身が長いので、一気に美しく切ることができる。

あんベラ
生地の中にあんを包むときに使うヘラ。ステンレス製のものが多く、用途に合わせて太さを選ぶとよい。

定規
ようかんや蒸しカステラなどを、均一の大きさに切るために必要。清潔を保つために、洗いやすい材質のものを。

わら半紙
黄身時雨や薯蕷まんじゅうなどの敷紙用。再生紙やざら紙として売られている。

《あると便利な道具》

すり鉢・すりこぎ
薯蕷まんじゅうの大和芋をするときに使う。鉢は刻み目が深く底のすわりがよいこと、すりこぎは鉢の直径の2倍の長さを目安に選ぶ。

玉じゃくし
水ようかんなどを流し缶に流すほか、底を使って小豆をつぶすときにも使う。

おろし金（大・小）
大は大和芋などを、小は柚子などをおろすときに使う。目の細かいものを選ぶとよい。

ケーキクーラー
オーブンで焼いたり、蒸し上げた菓子を並べて粗熱をとり、落ち着かせる。

深ボウル
こしあんをこすときに、水分があふれないよう深さのあるボウルを使うと作業が楽にできる。

深バット
深さのあるバットがあると、水ようかんなどの流し缶を冷やしやすい。バットに氷と水を入れ、流し缶を浸すと早く固まる。

ハンドミキサー
蒸しカステラなどの生地作りで、メレンゲの泡立てや、生地を混ぜ合わせるときに使うと便利。

精密スケール
最小表示が0.1gの精密計量器があると、重曹や抹茶、ベーキングパウダーなどを、少量でも正確に量れる。

和菓子作りでよく使われることば

手粉《てごな》
生地を成形したり、のばしたりするとき、生地が手や調理道具などにねばり着くのを防ぐための粉のこと。作る菓子に合わせて、強力粉、薄力粉、片栗粉などを用いる。

手蜜《てみつ》
生地の固さを調整する、つやよく成形する、乾燥を防止するなどのために手につけて用いる蜜のこと。蜜は砂糖と水を合わせて作るが、その分量は各レシピに記載した。

和菓子の主な材料

和菓子の主な材料はシンプルです。
それだけに材料の持ち味で出来上がりに差がつくもの。
良品を選ぶ眼を養いましょう。

《豆》

小豆
和菓子作りには欠かせない豆。つぶあん、こしあんの原料になる。ふっくらと丸みがあり、つやのよいものが良品。

白いんげん豆（手芒《てぼう》）
いんげん豆の一種。皮が固いのでひと晩水に浸してから煮るのが基本。大福豆などとともに、主に白あんに使われる。

《砂糖》

上白糖
一般には白砂糖と呼ばれ、ほとんどの和菓子に使われる。甘みが強く、しっとりとして水にも溶けやすい。

グラニュー糖
粒子が小さく、さらさらとしている。アクが少ないので、さっぱりとした甘さに仕上げたいときに使われる。

三温糖
薄茶色で上白糖より純度は低く、しっとりとしている。特有の風味と甘みの強さを生かして、こくを出したい和菓子に。

黒砂糖
さとうきびの糖蜜を煮つめたもの。多くはかたまりで売られているので砕いて使う。甘みと香りが強く、黒蜜の材料に。

和三盆糖
さとうきびから日本特有の製法で作られる粒子の細かな砂糖。適度な湿り気と口溶けのよさが特徴。香川や徳島の特産品。

きび糖
搾りたてのさとうきびの汁で作られているので、さとうきび本来の風味がある。色や形も黒砂糖より使いやすい。

《甘味料》

水飴
芋類や穀類などの澱粉を糖化させて作った透明で液状の甘味料。生地に使うとつやが出て、しっとりと仕上がる。

はちみつ
みつばちが花の蜜を採取したもの。花の種類により味も違うが、和菓子にはくせのないものを。どら焼きの生地などに。

《寒天》

角寒天
天草などの海藻を煮溶かし、抽出した液を固めたところてんを、さらに凍結乾燥させたもの。寒天液は室温で固まる。

《米から作る粉》

上新粉
うるち米を水洗いして水気をきり、石臼で挽き、ふるい分けてから乾燥させたもの。柏餅やみたらし団子に使う。

上用粉
うるち米を水づけし、水気をきって臼でつき、粉にしてふるい分け、乾燥させたもの。上用まんじゅう（薯蕷まんじゅう）に使う。上新粉と製法は同じだが、粒子はさらに細かい。

道明寺粉
もち米を洗って水に浸し、水気をきって蒸し、よく乾燥させた干し飯を粗く挽いたもの。桜餅やおはぎなどに使われる。

寒梅粉
もち米を蒸してつき、餅にしてごく薄くのばして白く焼き、粉末にしたもの。みじん粉とも呼ばれる。

白玉粉
もち米を粉にして水にさらし、沈殿物を乾燥させたもの。弾力があり、つやがよく仕上がるので、団子や求肥に使われる。

《小麦粉》

薄力粉
和菓子にはグルテンが少なく、粘りがあまりない薄力粉がよく使われる。湿気のない新しいものをよくふるって使う。

《澱粉《でんぷん》》

本葛粉
葛の根から採る澱粉。冷やすと白濁するのが特徴。葛餅や葛まんじゅうなど夏の和菓子に多く使う。奈良の吉野葛が有名。

片栗粉
本来は野草の片栗の地下茎から採る澱粉だが、今はじゃが芋の澱粉から作るものが主流。打ち粉に使うと生地につやが出る。

《その他》

きな粉
煎った大豆を粉にしたもの。栄養もあり、おはぎやわらび餅などに使う。湿気を呼ぶので、香ばしいうちに使い切る。

うぐいすきな粉
青大豆を煎って粉にした、緑が鮮やかなものをうぐいすきな粉という。うぐいす餅にはこのうぐいすきな粉を使う。

そば粉
そばの実を挽いて粉にしたもの。独特の風味を生かし、和菓子ではそばまんじゅうやそばぼうろなどに使う。

抹茶
特別な栽培法の茶の若芽を石臼で細かく挽いたもの。製菓店にもあるが、専門店の風味のよい好みのものを使うとよい。

ほうじ茶パウダー
ほうじ茶を焙煎して微粉末にしたもので、生地などにほうじ茶の風味をつけるために用いる。

シナモン
肉桂とも呼ばれるスパイスのひとつ。甘くさわやかな香りと、かすかな辛みがあり、和菓子の風味づけにも使われる。

色粉
着色料として許可されている食用色粉。スーパーなどでも入手できる。水で溶いて薄め、桜餅や練りきりなどに使う。

ベーキングパウダー
「蒸し物用」として市販されている、蒸し菓子に適した膨張剤。

粉類と一緒によくふるい、均一に混ぜてから使うとよい。

重曹
炭酸水素ナトリウムの白い粉で、ふくらし粉として使われる。重曹の風味が味わいのひとつになっているどら焼きなどに使用。

無塩バター
食塩を加えていない製菓用のバター。焼きまんじゅうなどオーブンで作る和菓子には、この無塩バターや卵をよく使う。

くるみ
硬い殻をむいたむきぐるみが製菓用、料理用として売られている。あんなどに混ぜてもおいしく、食感もよい。

黒ごま
粒が丸く太った国産のものが良品。加熱すると独特の芳香が立つ。まんじゅうの飾りや、すりごまにしておはぎなどに。

干しあんず
あんずの種を除き、水分を15～20%残して干したもの。そのまま保存してもいいが、蜜煮にしておくと重宝する。

栗の甘露煮
栗の皮をむいて蜜煮にしたもの。市販のものを使う場合は、味を吟味して選ぶと和菓子の出来上がりに差がつく。

笹の葉
生葉が手に入らないときは軽く塩漬けした真空パックのものが便利。防腐の作用があり、緑がさわやかな涼感を呼ぶ。

大納言甘納豆
大納言を砂糖漬けにした和菓子。練りきりの飾りや、浮島などの蒸し菓子に加えて使う。赤いつぶつぶのようすが愛らしい。

氷餅《ひもち》
もち米を粉砕して煮、型に流して凍結し、紙に包んで乾燥させたもの。霜に見立ててまぶすなど、仕上げのアクセントに。

柏の葉
柏餅には欠かせない柏の葉。乾燥品はゆでてアク抜きが必要だが、真空パックのものは水洗いをするだけで手軽。

桜の葉の塩漬け
塩漬けした桜の葉は生よりも香りが強くなる。水洗いして塩抜きしてから桜餅などに使う。香りが目的だが食べられる。

和の菓子 いろは
宇佐美桂子・高根幸子

和菓子教室のアシスタント講師から独立した宇佐美さん、パティシエとしてのキャリアを経て和菓子教室のアシスタントから独立した高根さん。二人が主宰する「和の菓子 いろは」は少人数制の和菓子教室。暮らしに身近なおやつから、きんとん・練りきりなど本格的な茶席の菓子までを教えます。「まず小豆を煮ることから」と味の決め手となる“あん”の作り方をはじめ、わかりやすく理論的な教え方が好評です。雑誌、テレビでの和菓子指導のほか、有名菓子舗のアドバイザーなど活躍の幅を広げる一方、著書『はじめて作る和菓子のいろは』(世界文化社)が台湾版に翻訳されたのを機に、和菓子の国際交流にも取り組んでいます。

教室：千葉県習志野市本大久保3-11-6(2F)
電話 047-407-3443
https://www.wanokashi-iroha.com/

手づくりで贈る ほめられ和菓子

発行日　2018年3月25日　初版第1刷発行

著　者　宇佐美桂子・高根幸子(和の菓子 いろは)
発行者　井澤豊一郎
発　行　株式会社世界文化社
〒102-8187
東京都千代田区九段北4-2-29
電話 03(3262)5115(販売部)
印刷・製本　共同印刷株式会社

ISBN978-4-418-18306-7

撮影：櫻井めぐみ
ブックデザイン：オフィスハル 後藤晴彦＋鳴島幸夫
校正：株式会社円水社
編集：亀山和枝
株式会社世界文化クリエイティブ・川崎阿久里

※内容に関するお問い合わせは株式会社世界文化クリエイティブ 電話 03(3262)6810 までお願いします。

［おすすめの材料店］

◎主な製菓材料全般
富澤商店 本店
〒194-0013　東京都町田市原町田4-4-6
電話 042-722-3175
http://www.tomiz.com

◎白玉粉
白玉屋新三郎
〒869-4803　熊本県八代郡氷川町吉本72
0120-478140
http://www.shiratamaya.co.jp/

◎葛
吉野本葛 天極堂
〒639-2251　奈良県御所市戸毛107
0120-77-4192
http://www.kudzu.co.jp/

◎和三盆糖
岡田製糖所
〒771-1310　徳島県板野郡上坂町泉谷字原中筋12-1
電話 088-694-2020
http://www.wasanbon.co.jp/

◎栗の甘露煮
小田喜商店
〒319-0203　茨城県笠間市吉岡185-1
電話 0299-45-2638
http://www.kurihiko.com/

※P.88～93の基本のあんの作り方は『はじめて作る和菓子のいろは』を再構成して紹介しています。